第一番に捕虜になれ

帝国日本と「めめしさ」

清永 孝

青灯社

第一番に捕虜になれ

——帝国日本と「めめしさ」

装丁　眞島和馬

目次

はじめに

明治31年のことだ。

日に日に遠ざかり薄らいでゆく徳川時代を懐かしむ人たちの、言わば、旧徳川家臣らの同窓会報みたいな月刊誌「旧幕府」に、奇妙な記事が掲載されている。

「江戸の水」という化粧水の、おおよそ次のような宣伝文だ。


「お顔の薬・江戸の水」

江戸の水と申候は忠節の義理を調合して製法したる水なれば毎朝日光の方に向い二百余年の恩沢を思ひて顔に塗り又は一心に呑込むべし

効能
一　恩義を知らぬ顔にぬりてよし
一　不義不忠の汚名を雪ぐによく落ること妙なり

一　奸賊へへつらふ顔にぬりてよし

薩摩芋、萩餅、土佐鰹節、広島海苔この外、京師又は中国、四国の産物は大方毒と知るべし。（「旧幕府」　明治31年11月）

幕末、あるいは明治早々の騒然とした時代の渦の中、さっさと幕府を見限り、朝廷に味方した連中への憤懣が書き残した落書の一つだ。

もちろん実際に「江戸の水」が売買されていたのではない。また薩摩、萩、土佐、広島は何れも倒幕運動の主役を演じた藩。京都、中国、四国は所謂、尊王攘夷の志士たちが輩出した地域であるため、恨みを込めて嫌味たっぷりの落書になったのだ。

これを雑多な書類の中から見つけ出し「旧幕府」に掲載した人物も「あの時代は良かったなあ」と思っていたに違いあるまい。

また、これを読み幕臣として過ごした日々の栄光を懐かしく、悲しく悔しく思い出して涙ぐむ人はいたであろう。

だが「今どき遊び半分の記事を。何というめめしさだ」と、湧き上がる怒りを苦々しく握りつぶした人もいたはずだ。

何故なら、日清戦争で凱歌を挙げ、遼東半島を領有することになったものの、ロシアら三国の要求で同半島を返還せざるを得なかった口惜しさで、ロシアへの敵愾心が燃え滾っている時期だったからだ。

益々剛健尚武の気象を養はざるべからず…女女《めめ》敷《し》くも恋愛を歌ふて花月の間に紅涙を注ぐが如き醜態の返す返すも今後深く戒むべき所なり。(「読売新聞」明治37年2月19日)

当時、国は貧しく、社会も貧困だった。それでも先進諸国と肩を並べなくてはならなかった。富国強兵は国家の悲願だった。

そのため、絶対に必要だったのが剛健尚武の気象、つまり一切の私情を投げ捨て、当局の要請通りに犠牲的精神を発揮し、滅私奉公する「雄々しさ」だった。

こうした立場からすれば、人は柔和や軟弱であってはならなかった。

どれほどの無理矛盾があろうと、毅然として己を擲《なげう》ち国の要請に殉ずるべきだった。徒に過去を懐かしみ、日常の暮らし向きへの不平不満を抱くなど、卑怯未練な「めめしさ」だった。

「雄々しさ」を滅私奉公という国家意思の表れとすれば国家的論理。

「めめしさ」は己の暮らしを大切にしたいという庶民の念願の表れであり、私的論理となろう。

換言すれば「義理」と「人情」にもなろう。

本来なら双方は矛盾し対立する存在だ。

特に国家の存亡をかけた戦争中であれば「めめしさ」は「雄々しさ」と対立し、国家の意志に逆らうものとして排斥されて当然だろう。

しかし、帝国は「めめしさ」のすべてを反国家的として徹底的に排除して明治、大正、昭和と帝国終焉の日まで、約80年の時を刻んだのではない。

「雄々しさ」ばかりでなく「めめしさ」もまた必要であると理解していた時期があったのは事実だ。

国民生活の隅から隅まで、息苦しいほど「滅私奉公であれ」と締め付けてはいなかった。「雄々しさ」一色に染め上げられた帝国ではなかった。「雄々しさ」に反していても「めめしさ」を容認していた。

日露戦争の最中にあっても、双方は不即不離、つまり離れもくっつきもしない状態を保っていた。

その限度はあったにせよ、戦時中であれ「めめしさ」が大手を振って歩ける「雄々しい」

帝国だった。ある程度は人情が保護されている世間だった。

本論で、いくつもの事例が物語ってくれる。

この状態は、時代につれ微妙に変化しながらも、ある時期までは確実に続いていたことは否定できない。

何故なのだろう。

帝国の生活環境はいつの時代も概ね悪く、社会的な力や富は偏在し、特に女性は生活のすべての面で重苦しい毎日を強いられていた。

更に過労、栄養不良、疫病蔓延など社会環境が劣悪で、平均寿命は50年にも満たない状況だった。昭和10年の調査（東京朝日新聞）では男性44・8歳、女性46・5歳となっている。

自然災害、疫病流行、そして戦争。いつ訪れるか分からぬ死。

明日も元気でいたい。死にたくないという「生の欲望」「死の恐怖」は誰しも同じであったろう。

妥協の余地もないほど激しく対立している「雄々しさ」「めめしさ」という異なる立場にあっても、それぞれの奥底には「生の欲望」「死の恐怖」が潜んでいて、それが絆となって双方が対立しながらも理解し合い、肩を並べる不即不離の状況を作り上げていたのではなかろうか。

個人の場合にしても、寿命が自分の思う通りにならない、共通する口惜しさ悲しさが、人と人との気持ちを結び付け、他人を労わる思いやりや敬虔さともなったのではなかろうか。人は、それぞれの胸底を地下水脈のように流れている「雄々しさ」「めめしさ」の片方だけを偏重するのではなく、双方を恰も縦横の糸のようにバランス良く紡ぎ合わせて、それぞれの心模様を織り上げ、義理と人情とで程よく染め上がった、和やかな世間を醸し出していたのであろう。

だからこそ「生の欲望」「死の恐怖」の何れをも無視することのない、人間的で豊饒な時代精神が育っていたとは言えないだろうか。

義理と人情とは人生を織りなす経緯である…日本の過去現在は余りに義理主義に偏している。人情を疎んじ過ぎてゐる。義理と云ふものが人情の反対に存在するものではなく…人情を偽るのではなく…人情の誠が義理の本当…万民安全の秘訣である。

（「京都日出新聞」　大正2年5月19日）

程よい義理と人情とが人生を織り上げている。人情を無造作に押し潰す義理であってはならない。人情の誠を大切にする義理こそ、本当の義理だ、と訴えている社説だ。

ただ、しょせんは滅私奉公を旗印にする帝国日本でもあった。

国際関係や社会状況が厳しくなるにつれ、義理と人情のバランスは崩れて行く。

つまり、公的な論理が人情を左右する風潮が強まり「雄々しさ」と「めめしさ」との、不即不離の状態は次第に薄らいでゆく。

それは多くの人たちの「めめしさ」が卑怯、軟弱、利己的で反国家的な罪悪として、徹底的に排除されることだった。

両者がこのように、はっきりと善悪に分別されてしまった時期が何時なのか、その特定はできない。

だが一つの出来事が一応の指標とはなろう。

昭和12年秋。日露戦争以来、国民に愛唱され続けていた『戦友』を、「ある筋」が「めめしい」と批判し、歌うべからずと公的に封印してしまったことだ。

三十年前の軍歌復活　「戦友」はご法度　（「東京朝日新聞」　昭和12年9月28日）

つまり『戦友』の封印は「めめしさ」の封印だ。

「雄々しさ」と「めめしさ」とははっきりと峻別され、「生の欲望」も「死の恐怖」も非国民の感傷になってしまったのだ。

しかも、それはまた国際的非難には耳を貸さず、中国各地を砲火で覆っていた帝国が、やがては世界大戦の導火線となる支那事変の底なし沼に第一歩を踏み込んだ年でもあり、国民生活が「雄々しさ」の囲いの中に、次第に閉じ込められてゆく、その始まりでもあったとも言えるであろう。

ところが、多くの国民が例え呟くようなか細い声であったとしても、帝国の最後の日まで『戦友』を歌い続け、懸命に「めめしさ」を抱き続けていた事実を否定は出来まい。

「雄々しさ」独善の戦時中であっても、一日でも一時でも、皆で仲良く暮らしたいという「めめしさ」を手放すことがどうしても出来なかったのだ。

もしかしたら、対立する「雄々しさ」と「めめしさ」は長い日本歴史の流れに揉まれながら、何時からともなく自然に生まれ育ってきた、「日本人らしさ」の表と裏と言えるのかもしれない。

だからこそ「めめしさ」は、ややもすれば独善、傲慢、粗暴になりがちだった「雄々しさ」の醜い部分を映し出し、彼を諫《いさ》め窘《たしな》める姿見の役を果たすこともできていた。

つまり、それまでの帝国日本丸は右舷の「雄々しさ」、左舷の「めめしさ」とを操って、世界の荒海を辛うじてバランス良く航海していた。

だが、『戦友』の封印以来、帝国日本丸はバランスを失くし右舷に傾き始め、やがて悲惨な終焉を迎えるのだ。

このように曲折した「めめしさ」の足跡は何を物語っているのだろう。次第に傾き始めた帝国日本丸の中で、先人たちは何を思い、何を憂い、何を希望の杖にしていたのだろう。

そんな彼らの懸命な生死を、本書は「めめしさ」に纏《まつ》わる挿話を通して振り返っている。だがそれは社会の片隅に蹲《うずくま》り、もがき苦しんでいる人々の血と涙と汗を踏み台にした帝国の栄光を、殊更にあげつらうためではない。

激変した時代、無理に無理を重ね我慢辛抱を繰り返していたものの、遂に時代に押し潰されてしまった先人たちの無念さに、少しでも近づきたいためだ。

「めめしさ」が帝国に不可欠の存在から、反国家的として排除されていった足跡の痛ましさ、それは己を制御する手綱を失くしていった「雄々しさ」の悲惨さであり、帝国日本の悲劇とも言えるはずだ。

それを学び後世に伝えることが、我々に与えられた歴史的課題ではあるまいか。

では現在の私たちにとっての「めめしさ」とは何だろう。帝国の話題を探し出すための索引に過ぎないのだろうか。

かつての幕臣たちは徳川時代を懐かしむあまり「江戸の水」を幻想した。

だが私たちの「めめしさ」は決して幻想ではない。

私たちは「めめしさ」を単に、在りし日を偲ぶための「江戸の水」にしてはならない。

何故なら、そこには激変した帝国の時代、遂に「雄々しさ」独善の時流に無残に押し潰されてしまった先人たちの悲しさ、口惜しさ、無念さなど老若男女の「めめしい」声がひしめいているからだ。

また、その中から流れてくる差別、迫害、憫笑などに晒された異民族の人たちの怒り、嘆き、悲哀、恨みなどなどの訴えも聞きもらしてはならない。

かつての「雄々しさ」の華々しい、滅私奉公ぶりだけに陶酔してはなるまい。

当時をひたむきに生きた人々が残した様々な「めめしさ」を振り返り、伝えたかったに違いない彼らの思いに少しでも近づきたい。

日露戦後の投書にあった文言「第一番に捕虜になれ」を表題にしているのもそのためだ。

現在、「雄々しさ」を上手に操って賑やかな拍手の中を傲然と航行している日本丸が、このまま胸を張って、混沌とした世界の海を無事に航行できるほど、我々が賢くも強くもないことをも、かつての「めめしさ」たちは教えてくれるのではなかろうか。

なお、私には三人の親がいます。
生みの親はかつて陸軍将校への道を進んでいた坂口文彦さん。
「戦友は軍歌でない。自分らは歌うべきでない軍国歌謡だ」
彼のこの一言なしに、本書のテーマは生まれなかったでしょう。
育ての親は名編集者の佐々木久夫さん。
親鳥が卵を温めるような熱意のおかげで、私の原稿は雛に育ちました。
教えの親は青灯社の辻一三さん。
数々の鋭いチェックに、雛は飛び立つ力を教わりました。
僭越ながら文面をかり、諸先達にお礼申し上げます。
青灯社のオアシス、山田愛さんにも感謝しています。

第1章 「お国のためとは言いながら……」――明治時代の「雄々しさ」たち

1 憧れの虚報

明治37年2月、帝国はロシアと戦闘状態に入る。

まだかまだかとこの日を待ちかねていた国民の敵愾心は激しく火花を散らし、滅私奉公の声は町のそこここで高まる。多くの兵士たちが万歳、万歳の声に送られ「雄々しい」決意を胸に、海を渡り戦場へ向かった。

その中にはこんな風景もあった。出征したのは食料や弾薬などを前線に運ぶ、輸送担当の補充兵。つまり補欠の兵士だ。おそらく物品を運搬するだけの体力もなく、補欠にされていたのだろう。ところが、そんな彼までも招集しなくてはならない程の戦力だったのだ。

招集の翌々日にすぐ出発。それも良いが……銃も剣も支給されないで丸腰……背嚢もなしで其の代りに一本の真田紐。そいつで荷物を背負った姿は余りに情けない。

（「明治大正史談」広瀬菊雄・昭和12年9月）

だが戦況は険しかった。

開戦から4カ月後、九州の玄関先にあたる下関の沖合、玄界灘で発生した常陸丸事件が世間に与えた衝撃は大きかった。

6月15日、陸軍将兵を乗せた輸送船がロシア艦隊に襲撃され佐渡丸、常陸丸などが炎上の末に沈没し多数の人命が失われたのだ。

軍が敵艦隊の動向を把握していればこうした悲劇も生まれなかったはずだと、軍の作戦ミスへの非難もある中、当局は事件の概要を公報として公開し、各新聞も力を注いで独自の情報を記事にしている。

ただ、当時のことだ。各紙の記者が現場で直接に取材するのは不可能だった。救助された者たちの様々な体験談を情報源としてまとめ、それを新聞に掲載したのだ。当然、体験者や記者の憶測や伝聞が入り混じって、内容にはそれぞれの新聞で多少の相違がある。

だが、読者が一様に最も心を奪われたのは「常陸丸沈没」の記事だったことに間違いはあるまい。

その概要を総合すると、約２０００人の兵士と馬３００余頭を乗せた輸送船常陸丸は突然、濃霧の中から現れたロシア艦隊の集中砲火を浴び傾き始め、多くの兵士や船員らは命令され船から退去する。

その後の状況を各紙とも「船内に残った須知連隊長ほか幹部将校らは捕虜になることを拒み、拳銃や日本刀で自害し船と共に海底に沈み、悲愴な死を遂げた」などと劇的に報じている。ある記事は「実に無念なり。無念の二字を以って諸君を弔はん」と口惜しさに歯噛みし胸震わせながら、こう書いている。

連隊長はやがて自らピストルにて悲愴の最期を遂げ、続いて山県大隊長、第一中隊長は軍刀にて割腹し、第五中隊長以下各将校等はピストル並びに軍刀を以って、壮烈な自刃をなすものはなはだ多し……船は盛んなる万歳声裡に、千古の恨みをのみて玄海の海底深く沈没し了りぬ。而して乗員中には一人も捕虜となりしものなし。

（「東京朝日新聞」明治37年６月19日）

他紙は須知連隊長を砲弾が当たって戦死と書き、陸軍の公報は「割腹して悲愴な最期」としているが、特に「壮烈な自刃。一人も捕虜となりしものなし」の記述は国民の心をただ一筋に真っ向から射止め、彼らを燃え滾《たぎ》る感動の中に巻き込んだであろう。

明治の国民にとって割腹、つまり切腹はそれほど縁遠いものではなかった。

忠臣蔵の切腹は昔々の出来事だが、明治元年2月、神戸の外人居留地の射撃を命じ、数人を負傷させた岡山藩士1名は切腹となり、翌月の高知藩士20名がフランス将校らを殺傷した堺事件では結局、11名が切腹。何れも、世間に話題を広げた事件だった。

そのためであろう、その翌年、未だ徳川時代のように、旧藩主がそれぞれの地域を治めていた明治2年5月。各藩の代表者が構成する当時の立法機関・公議所でも「外国には切腹などない。我が国でも禁止すべきではないか。罪があれば国の裁きを受けるべきだ。どうして切腹をしなくてはならないのか」という議案が論議されている。

だが、大多数の者の意見は概ね、次のようなものだった。

割腹などは本邦の美俗。これを禁ずるは固有の和魂を奪うなり。
士に切腹の刑あるは平民と品位を異にする所以なり。
切腹は皇国廉恥の士風なり。

「禁止賛成３名。どちらとも言えぬ６名。禁止反対２００名」の結果となり、切腹は存続することになる。

更に翌年の明治３年、当時の刑法である新律綱領（巻一）でも、屠腹という用語で次のように切腹を規定している。

士族、罪ヲ犯シ……死刑ニ該《あた》ル者ハ自裁ニ処ス

自裁ハ自ラ屠腹セシメ……

自裁とは自殺のこと。死刑にあたる罪を犯した士族は刑場で処刑されるのではなく、切腹して自殺しろという意味の条文だ。

日露戦争の頃は既に、この条文は削除されてはいた。だが、切腹という言葉の持つ重みは国民の心底から未だ消えてはいない。

それに、四十七士にしろ、堺事件の藩士たちにしろ、彼らの切腹は上からの指示、命令によるもの。つまり、たとえ嫌々ながらでも従わざるを得なかった、与えられた切腹だ。

だが、常陸丸の将校たちの場合は違う。

生き延びようと思えば、いくらでも方法はあったのに、部下たちを下船させた後、彼らは自分の意志で死を選んでいる。

多くの命を玄界灘に沈めてしまった責任の重さを、自害という形で受け止めたのだ。まさしく、己の命で描いた滅私奉公だ。

何という「雄々しさ」だと感動し、流れ落ちる涙を押し拭いながら何度も何度も、これらの記事を読み返した人々は多かったに違いない。

ところが皮肉にも同じ日、その感動は真正面から冷水を浴びせかけられる。

ある新聞が「一人も捕虜となりしものなし」という記事を誤報と指摘したのだ。

（常陸丸は）船首、船尾共損傷せず。唯機関部のみなれば沈没せずして今後二日間位は浮び居るならんと……将校は皆生存し割腹自殺などは虚報なり。

（「東京日日新聞」明治37年6月19日）

明治33年に「ハーグ陸戦条約」を批准した我が国は開戦以来「俘虜は博愛の心を以て取り扱う」との趣旨にのっとって、捕虜にしたロシア軍人は日本各地の収容所で手厚く保護している。

捕らわれた日本軍人の数もたびたび公表している。

陸軍公報も、この事件について発生の直後から「将校は露艦にゆく」などと伝えている。

更にまた常陸丸と同時に、他の輸送船の将校らが20名近く捕虜になったとも発表している。

こうした報道に国民は鬱々とした思いを抱いて、重苦しい日を過ごしていた。

そこに「将校全員が割腹自殺」の記事だ。刺激的な感動が沸き上がっても当然だ。

そしてまたそれだけに「虚報なり」の衝撃は国民を激しく揺り動かしたに違いない。

これまで、感動の頂に登りつめていた人々は一挙に憤激の谷底に転げ落ち、感涙に包まれていた巷は一変、苦々しい唾を吐き散らしながら、捕虜になった将校を「めめしい」と嘲り、侮蔑し罵る声が満ち溢れたことであろう。

だがそんな時、大勢の聴衆を前に捕虜になった軍人たちを堂々と擁護した者もいた。

四十数年にわたって早稲田大学の教壇に立ち、総合雑誌『太陽』の主幹も務め、明治から昭和にかけ帝国日本の論壇で活躍し、思想界のリーダーとしてその名を謳われていた浮田和民《うきたかずたみ》だ。

彼は開戦直前にも、戦場で「妄《みだ》りに討死などすることは決して武勇の亀鑑として誉むべき沙汰にあらず」（「中央公論」明治37年2月号）と、戦死を最大の美徳のように礼賛する風潮を窘《たしな》めている。

ところが、この事件では更に一歩踏み込んで、軍人が捕虜になることを弁護し、自害しなかったことに罵声を浴びせることを、愚かな偏見であり勇士への侮辱であると厳しく批判している。

捕虜たらんよりは自害せよ、割腹せよと要求するが如きは殆ど無意義の事に属す。勇士は戦場に於て奮闘すれば足る。何ぞ殊更に自裁を加ふるの要あらんや、余計の事と言って可なり。

捕虜になるのが何故駄目なのか。
全力で戦い、絶望の淵からやっと生き延びた彼らではないか。
そんな彼らを何故自殺に追い込むのかと述べ、彼はこう訴えている。

然るに一種の偏見に拘泥して、是等勇将名士に侮辱を加へ、間接に詰腹を切らせんとするが如き、不仁も亦た極まれり。(『時代思潮』明治37年11月号)

たとえ間接的であれ、捕虜になった勇士たちに自殺を強要するとは人の道に外れた、あまりにも思い遣りのない「不仁の極み」ではないか、という主張だ。

彼には「雄々しさ」を誇る人々の滅私奉公の怒号が、あまりにも冷たく無神経で、傲慢で身勝手で非情に聞こえ、人命を粗末にするなと厳しく諭しているのだ。

彼の学者としての、こうした毅然とした信念がどのようにして生まれたのか。

それには彼の、これより十数年前の体験を振り返って見なくてはなるまい。

その頃、彼は未だ新進の学者だった。収入は乏しく日常の生活も倹《つま》しかった。それを助けてくれたのが妻の末子だった。彼女は生来の病弱な身体に鞭打ち、病苦に耐えて子を育て、彼の研究を支えてくれていた。

ところが、その無理が祟って彼に抱かれながら僅か23年の短い生涯を終えた。

最愛の妻を亡くした悲しみ、苦しみ。

彼は末子への限りない愛惜の思いを込め「夫のため子のため親族のため一身を犠牲にして……」と、妻への追悼文を霊前に供えている。

こうした例は現在でも数少ない。まして男尊女卑の時代であれば稀有のことだ。

その文章は淡々としている。だが、夫としてほんの一時でも妻に安らぎと楽しみを与え得なかった悔しさ申訳なさ。愛する者を死に追い込んでしまった後悔。自責。そして、愛しかった妻を慕う切なさが深々と刻み込まれている。

この追悼文に徳富蘇峰も心打たれ「文面から秋風の様な悲しみがにじみ出てくる」と読後感を寄せている。（『国民之友』明治23年2月）

そんな彼だったからこそ、捕虜軍人への批難が誰よりも耐えがたく愚かで惨酷に思えたのだ。

「詰腹を切らされる人の無念さ。その家族の苦しみを考えろ。人の命を足蹴にするな」と、非情だった己の不甲斐なさを責め鞭打ちながらの、怒りを込めた訴えだったに違いあるまい。

義務のため死するは嘉すべきなれども、名誉のために死するは真の名誉の死に非ず。戦闘の力尽きたりとて自殺することは誤って居る……戦争に出た者が討死を名誉として悉く死んでしまへるならば、日本は其の儘滅亡するであらう。（『太陽』明治37年14号）

だがこうした言葉を、名誉の戦死にまでケチをつけた反戦的な発言と受け取った人も少なくはあるまい。

その代表者が当時、戦場で片足を失ってもなお豪勇ぶりを発揮し、世間から鬼将軍と謳われ人気を集めていた佐藤正だ。

彼の反論は流石に語気鋭い。「祖国の誉れを全うし、一死以て祖先の名に殉ぜん」という士気があるから敵に勝つのだ。それを捨てろと言うのは「亡国の術を訓《おし》ゆる者」と浮田を謗り、こう続けている。

　不幸力尽き彼が為め奴隷の境遇に陥さるる位ならば、寧《むし》ろ全国土と全人民とを挙げて太平洋底に没却せん……是れ吾人日本男児の万古不朽の信念である……此決心は実に個々人々の決心にしてまた同時に日本国の大決心である。（佐藤正「日本新聞」明治37年10月2日）

「顔を真赤にして」と表現できそうな、いかにも鬼将軍らしい容赦ない浮田批難だ。おめおめと捕虜になった常陸丸の将校たちが忌々しくてならぬのに、それに油を注ぎ火を点けるような捕虜擁護論だ。彼が我慢できたはずはない。

　日本人の中、国家の決心と背馳する思想を有している人あらば、彼は世界の人にして日本の人には非ず。（「日本」明治37年10月2日）

彼の激しい息使いすら伝わって来そうな反駁だ。
こうした彼らの論議には様々な意見が加わって、新聞雑誌を賑わせている。

だがこれ以上に、この論争は進展せず、尻すぼまりになっていった。

当局も、事件の翌々月には常陸丸で亡くなった人々の合同葬を盛大に実施し、更にその2ヶ月後には記念碑を建立するなど、手際良く事態の収束を図っている。

玄界灘に沈んでいった将兵を壮絶と讃え、深々と悼み悲しむことで「割腹自殺など虚報なり」の動揺を鎮め、国民の敵愾心を高揚させ、更には軍の作戦ミスに対する批判を沈静化するため、盛大な慰霊行事を足早に進行させたかのようだ。

戦後、軍当局は俘虜帰還者査問委員会を設置する。ロシア軍の捕虜になった者から状況を聞き取り、日本軍人の体面を汚したと判断された者は、軍法会議で裁判を受けるとなっていた。

果たして、常陸丸の将校たちの査問結果がどうであったかは明らかでない。

ただ当局者らにとって「乗員中には一人も捕虜となりしものなし」はさぞかし、実現して欲しかった「憧れの虚報」だったであろうことは、明らかではなかろうか。

2　軍刀とハンカチ

この事件から2ヶ月後、乃木将軍が指揮した第1回の旅順総攻撃が始まる。

上より響くマキシムは進みゆく蟻の上に弾丸の雨を降らすこと、害虫の群れの上にホースを以て石油を注ぎかけるににたり。

（『大戦・余響日露戦役話集』鳳秀太郎・博文館・大正６年）

マキシムとは機関銃だ。我軍には未だ目新しく、攻撃法も防御法も訓練していなかった。厳しい山岳を這い上ってゆく我が軍へ、山頂の陣地から機関銃の一斉掃射。被害は大きく、５日間にわたる総攻撃の死傷者約１万６千人。悲惨な結果だった。

敵は小銃の乱射と岩石とを投下……我兵は頭骨を割られ胸部を貫通され即死するあり、谷に墜落するもあり死傷続出、惨絶壮絶……小銃岩石若しくは機関砲を乱射急投……岩頂の傾斜七十度の急峻にて前兵の脚足は後兵の頭上に在り……瞬く間に百数十の死傷者を出し……

（『旅順攻略戦史』酒井才次郎・吉川弘文堂・明治38年）

状況打開のため、善通寺師団の増援部隊が香川県多度津港から出発することになる。明治37年８月末、総攻撃から10日ほど後のことだ。

この日、多度津港の波止場は出征将兵と大勢の見送る人々とで、早朝から埋め尽されていた。

予想外の戦況に、増援部隊への期待は大きい。だが、彼らを待ち構えているのは苛烈な戦場。予測される戦死傷者の数値は限り無く高く、無事生還の見込みは極めて低い。

雲一つなく晴れ渡っていても征く人、見送る人の心は一様に重く、凱旋の宴を空に描いて胸を弾ませている者はいなかったであろう。

やがて、関係者の動きが足早になる。出征兵士らが隊伍を整える。重苦しさを増す波止場の雰囲気。いよいよ出発だ。

と、その時、見送りに来ていた師団参謀長がいきなり片隅の木樽に上がり、彼らに向って一言一言噛み締める様に語り始めた。

その内容が十数年後、次のように公開されている。

お前たちが今度出征するのは実にご苦労である……将校の中には二度も負傷して帰国し、三度目の出征をする者もある。お国のためと言ひながら実に御気の毒の次第である……決して血気にはやり、軽はずみをしてはならぬ。（「婦女新聞」大正15年9月5日）

今まさに、激烈な戦場へ向かう将兵らに、見送りに来た上級幹部が「実にご苦労。御気の毒」。あまりにも軍人らしからぬ「めめしい」訓示だ。

それだけに出征兵士も家族も「満場只粛として」、息を呑み身じろぎ一つせず聞き入っていた。

彼らの目的地は激戦地旅順。今も敵の機関銃が大地を突き崩すかのように激しく鳴り響いている。しかも、渡って行くのは常陸丸事件の記憶も未だ生々しい、悲劇の怒涛が渦を巻く玄界灘だ。

出征将兵らにしてみれば命じられるまま、死に至る十三段の階段を黙々と上るかのような船出だ。

彼らの心中はおそらく、底知れぬ恐怖に包まれ不気味に揺れ動いていたであろう。だが一言の愚痴も不安も口にせず、家族との別れの集いに楽しげな笑顔すら見せている。

参謀長にはそんな将兵たちが痛ましくてならず、果して幾人が無傷で帰国できるだろうと不憫な思い溢れ出るまま、まるで父親が息子に言い聞かせるかのように、切々とした彼の気持ちを率直に述べたに違いない。

参謀長の訓示は続く。

我々軍人として毎に身を顧みず命を捨てて働けといって居るが今日の場合特に気をつけて……

左手に剣を握り、右手にハンケチ鷲つかみにして両眼を拭い、全身をブルブルふるわせながら「一言一涙、語気激越」心血が滲み出るかのような様子だったという。

皆生命を重んじ、身体を大切にし思慮を尽くし……皆よくこの意を体して是非とも敵に勝たなければならぬ。

勝たねばならぬ。しかし、命を大事にしろ。「よくよく、このことを考えろ」と諭す彼。その時、たとえ数知れぬ犠牲者を出しても敵に勝たねばならぬ指揮官としての使命感と、部下一人一人に「命を大事にしろ」と肩を叩き「死んではならんぞ」と訴えたい感情。言わば国家への義理と部下への人情とが、彼の心の底で火花を散らしてぶつかり合っていたに違いない。

その激しさが彼の全身をブルブル震わせ、一語一涙の訓示になったのであろう。

そんな光景が、当時の帝国には未だあったのだ。

3　老婆の行進

この後、出征兵士を乗せた船は多度津を出港、ある挿話を残して旅順へ向かう。

それは出征兵士を乗せて出港し、旅順へ旅順へと遠ざかって行く輸送船の息子に向って「一太郎やあい」と、懸命に叫び続けた老母の話だ。

たまたま、その話が教育関係者の耳に入り、「一太郎やあい」の題名で『国定小学読本・巻七』（大正９年）に掲載されたとされている。

小学読本によると、出征する我が子へ老婆はこう叫んでいる。

その船に乗ってゐるなら　鉄砲を上げろ。うちのことはしんぱいするな。天子さまによく御ほうこうするだよ。

わが子を思う親心を押し包み、滅私奉公を訴える老母。

国に捧げた一人息子を、何時までも見送る切ない母心。

国と息子と母を組み合わせることで、「子どもたちに愛国心を植え付ける生きた教材になる」と考え、文部当局はこの話を小学読本に登場させたのであろう。

国定教科書によって、この話は忽ち全国に広まり、感動の渦を巻き起こし、老母の存否を探す運動も始まる。

程なく、老母の名は「かめ」。息子は一太郎ではなく「梶太郎」で、母子とも健在と分かる。だが、凱旋した梶太郎は戦傷のため身動きが不自由になっていた。既に80歳になっている老母かめの懸命な働きが二人の貧しい暮らしを漸く支えていた。

こうした現状が分かると、母子への世間の同情が高まり、様々な生活援助も始まる。また、読本には書かれていない船出までの詳細も新聞報道される。

それによると、老母は前もって息子から出征の日時を知らされていた。そこで当日、彼女は早朝から草鞋《わらじ》履きで山路を下りて約束の場所に立ち、波止場へ向う息子を待ち受けた。やがて兵士らが列を組んで行進してくる。事情を知った戦友らが気を利かせ、息子を一番外側の列にしてくれていた。そのため、老母は直ぐに息子を見付けて駆け寄った。

それからの母子を記事はこう伝えている。


風呂敷包みを腰に下げた老婆と武装厳しい若者が、手を引き合って隊列のまま一里の道を多度津に着いた。(「東京朝日新聞」大正10年10月1日)

一里は約４キロ。大人の男が歩いて一時間ほどの距離。その間をなんと、銃を肩にした息子と母親とが仲良く手を繋いで行進しているのだ。「雄々しさ」を誇る帝国陸軍の歴史には他に例のない出来事だ。

もちろん、事情を知る指揮官の配慮あってのことに違いない。

とはいえ軍隊の行進だ。母子が思うままにあれこれと話し合いながら歩けるはずがない。

それでも、繋ぎ合った手と手の温もりに、幼い頃から二人で過した貧しくとも和やかな年月を、しみじみ懐かしむことはできたであろう。

息子は心の中で「おふくろよ、元気でいろよ。無理するな。必ず帰ってくるからな」と繰り返し、母もまた戦場に息子を送る不安と悲しみを瞳に浮かべ、息子の横顔を幾度も幾度も、切なく仰ぎ見たことであろう。

この光景は戦友たちにとっても、生涯忘れられない鮮烈な思い出になったに違いない。

彼らは老婆の行進を見た時、それぞれに母恋しさの思いが募り、戦死を決意はしていても死んで堪るかと心ひそかに「めめしい」願いを抱き締めたのではなかろうか。

そして、「生命を重んじ、身体を大切に」の参謀長訓示を聞くことになるのだ。

だが、その訓示が世間に広く伝わったのは「老婆の行進」の記事から更に４年後だ。

当時、たまたま現場に居合わせた香川県幹部の手記が明らかにしたのだ。

この時まで彼は時勢を慮り、一部の限られた人にだけ事実を披露していたが、教科書の内容が自分の体験とあまりにもかけ離れているので、このままでは子供に良くない。真相を伝えなくてはと発表したのだ。

そこには参謀長の訓示だけでなく、国定教科書の「一太郎やあい」とはまったく違った、あの日彼が耳にした老母の言葉が書かれている。

老母は「天子さまにご奉公しろよ」などとは一言も口にしていない。

おかーはここに居るぞよ
しっかり遣って来よよ
出世して帰れよ
おかーは待っておるぞよ

実際の彼女は我が子の無事を願う平凡な母親だった。

手塩にかけてやっと育てた愛し子を、戦いに奪われてなるものか「生きて居ろ。帰ってこい。待っているぞ」と、なりふり構わず懸命に叫び続けていた。

手記の著者はその日の光景を、20年経ってもなお切実に覚えていた。

この老母の姿を埋もれさせてはならない。あの叫び声は伝えねばならないと信じていた。だがそれを公表することは言わば、国が隠しておきたかった事実を明らさまにすることでもある。

そう考えた時、筆者は己の職責も考えて手記を公開するか否か悩みに悩んだことであろう。だがそれでも「生きて居ろ。帰ってこい」という老母の叫び声を無視できなかったのだ。

この手記を、新聞の担当者は次のような前書きを付けて掲載している（「婦女新聞」大正15年９月５日）

小学校の先生方はこの一篇を読んで、同課の授業に必ず一段の活気を添へられる事と信じます。


当時、国を思い「雄々しさ」を強調する人々はもちろんいた。だが参謀長の訓示や老母の声を当局者とは別の意味で、児童の教育にも役立てたいと思う人々もいたのだ。

「義理を全うせよ」と滅私奉公だけを強調するだけの、人情知らずの帝国でも人でもなかったのだ。

4　「第一番に捕虜になれ」

老婆が息子と並んで行進していた時期、国民の愛唱歌として幾つかの時代を越えて歌われ続け、数奇な運命を辿ってゆく『戦友』が誕生したことを忘れてはなるまい。

作詞は「君死に給うことなかれ」と詠った与謝野晶子と同じく、明星派の歌人真下飛泉《ましもひせん》。作曲は三善和気《みよしかずおき》。

激戦の最中、敵弾に倒れた戦友を悼み、彼の家族の悲しみを思い遣る一兵士の気持ちを書き綴っている。

ここはお国を何百里　離れて遠き満州の
赤い夕日に照らされて　友は野末の石の下

深手を負った戦友に駈け寄って介抱する。だが、突撃の声だ。彼を見捨てて突撃しなくてはならない。やっと顔を挙げ喘ぎながら「俺に構うな。遅れるな」と告げる戦友。その眼は涙で潤んでいる。

あとに心は残れども　のこしちゃならぬこの身体
「それじゃ行くよ」と別れたが　永の別れとなったのか

14番の歌詞からなる『戦友』に勝利を喜び、強さを誇り、戦死を讃美する文言はない。メロディもまた、戦友を悼む気持ちをしみじみと奏で、切々と胸に沁み渡る。

この歌に、戦場で倒れていった己の戦友を痛ましく思い返し、湧き上がる辛さで唇を噛み締めた男性は多かったであろう。

最早、二度と会えない愛しい人を虚ろな胸に抱きしめ、心震わせながら『戦友』を口ずさみ、戦いを恨み呪った女性も少なくはなかったはずだ。

とはいえ、こんな意見もある。

『戦友』はもともと「明治の一青年の長い成功物語」の一部であり、全12編という長大なシリーズの第3編に当っている。忠君愛国を柱にした全編の内容を見れば『戦友』を反戦、厭戦の歌と捉える人は戸惑うだろうという主張だ。

だが、成功物語というシリーズの中で、特にこの部分だけが帝国の時代を通して愛唱され、現在にあってもなお歌い継がれているのは何故なのだろう。

空しく冷えて魂は　くにへ帰ったポケットに
時計ばかりがコチコチと　動いているも情けなや

もともとは反戦と関係ない歌であったとしても、何時までも元気でいたい。少しでも楽しく暮したい。戦争はご免だ。死なせたくない、死にたくないと、死を怖れ生を願う多くの人々の「めめしさ」が、作詞者の意図を乗り越え『戦友』を厭戦的な忘れ難い愛唱歌に育て上げ、庶民生活に定着させたのではなかろうか。

また『戦友』は後に「雄々しさ」独善へと変化してゆく時代の分岐点を示す歌ともなり、それ以後は後述のように数奇な運命を辿ることになる。

ともかく、兵士も国民も『戦友』に慰められ励まされ、生死の境をかい潜って敵国降伏を夢に描き、度重なる増税にも我慢に我慢を重ね、勝利の日を目指して己を厳しく鞭打ち続けた滅私奉公の毎日だった。

それも、我が国産業を下支している女性や年少者たちには過酷な労働だった。

例えば帝国統計年鑑などから、明治35年の状況を見てみよう。

全職工の62％が女工だが、その中で14歳未満は15・8％。

化学工業に限れば、女工の48％が14歳未満。

紡績工場ではほとんどが女性労働者で、その10％が14歳未満だ。

この実態を当局の係官は概ね、次のように報告している。


紡績工場の幼年工は大人と同じく昼または夜の12時間労働。忙しいときは壮年並みに、朝５時から夜10時まで、若しくは深夜まで15時間以上も労働させることがある。休憩時間、食事時間は不規則。休憩時間が全くない工場が多い。

（「工場及び職工に関する通弊一斑」商工局・明治30年）


当局もさすがにこの状態を見かね、年少工の就学や深夜業の廃止など、労働者保護の工場法案を財界と論議する。だが31年の会議でも彼らの反論は冷やかだった。

著しい経済格差の上に胡坐《あぐら》をかいている人たちにとって、労働者とは貧民、下層階級などと嘲笑する、蔑視の的でしかなかったのだ。


労働者状態を農民の状態、ルンペンの状態、労働者になる前の状態と比較すれば寧ろ甚だ結構である……とやかく言うは言われた義理にあらざるべし。

幼工は実際に於て……遊び半分に労働しつつある状況なれば職工と同一の労働時間を取りたるとて何の苦痛も感ずべきにあらず。

日本の下等社会などは教育などに目をつけるものでない。日本の工業といふものは貧乏人を養ふ所の様なもの。

マッチの仕事に従事しているものはマッチ工場の出来ない時分は乞食であったかも知らぬ……乞食が変じて今日は立派な一人前、自分の汗で自分が食うこと出来るのが「マッチファクトリー」に沢山ございます。


だが、マキシムが火を吐く戦場で血潮を流す兵士たちも、相次ぐ増税、物価高、頻発する労働争議の国内で汗水垂らして働く人たちも、女工も幼年工も懸命の思いに変わりはなかった。

例えば明治35年、広島県呉の海軍工廠の争議には鎮圧のため軍隊まで出動しているが、当時の代表的な官営軍需工場での、工場災害記録を見てみよう。

これは疾病以外の外傷だけの統計だ。

	明治37年	38年	39年
八幡製鉄	586名	1239	4325
東京砲兵工廠	435	625	205
大阪砲兵工廠	411	455	390
その他	1407	685	1360

（「工場災害統計表」農商務省工務課・明治41年）

八幡製鉄所は既に日露開戦の3年前から、官営の軍需工場として本格的な稼働を始めていた。その建設には首相の2倍にあたる年俸1万9200円でドイツ人技師1名を雇用。ほかに、外人15名も採用して工事を進め、我が国重工業の核を誕生させたのだ。だが、この統計表ではっきりしているのは日露戦争の筒音を聞きながら、軍需工場という戦場でいかに多くの人々が傷つき倒れていったかということだ。

特に目立つのは八幡製鉄での被災害者の数だ。他の施設より目立って多く、しかも急速に増加している。39年の4325名は全体の約69％にあたる。

その原因は出征などで、近代的な機能を操作できる熟練工が不足し、それを未だ経験浅い職工で補ったためかも知れない。そしてまた、打倒ロシアのため少しでも多くの鉄を、少しでも早く作り上げようと、誰もががむしゃらに働き過ぎた結果かも知れない。

燃え滾《たぎ》る鉄鋼の熱に挑み、耐え、製品の完成を急いでいる職工。

傷つき倒れながらも目に涙を浮かべ、息絶え絶えに「早く行け。急げ」と励ましてくれた戦友。彼を後に残して突撃した兵士。

彼らの気持を一つに繋ぐもの、それは「頑張ろう。勝ちたい」の思いではなかったろうか。

そんな彼らだからこそ旅順攻略、奉天総攻撃に続き、東郷平八郎指揮する連合艦隊がロシアの艦隊を破った日本海海戦の朗報に沸き立ち、勝利の日が近いことを信じ「苦労のしがいがあった」と涙ぐんだであろう。

だが、その日本海海戦の前、戦争の最高指導者山縣有朋は既に、桂首相ら政府首脳者に「兵力は用い尽くし、多数の将校を欠損し、戦費も底をついている。これ以上、ロシア軍と戦闘する戦力はない」と伝えていた。

政府もアメリカに、ロシアと講和のための交渉斡旋を依頼。一方、ロシアでは数万の民衆に軍隊が発砲する「血の日曜日事件」が起こるほど国内の治安が悪化していた。

そのため戦争終結の機運は高まり、英国ポーツマスで講和の審議が始まっていた。

ロシアへの賠償金の要求で難航していた。

ところが、こうした経過は国民には届いていなかった。

各新聞の特派員が電報で、講和会議の様々な情報を知らせることができなかった。当局が差し止めていたからだ。

ただ次の電報一通は日本へ発送された。

講和とは無関係な、アメリカの米作の状況を伝える電文だった。

日本移民の　テキサス州の米の収穫は　見込み少なし

講和会議の特派員がわざわざ、ポーツマスからテキサスの米の収穫状況を打電したのだ。

何でテキサスの米を、と考えれば変だ。

だが、彼はもともとニューヨーク駐在だった。

そのため当局者も、米の出来高が気になっての商業電報だ。問題ないと判断し、打電を許可したのだろう。

ところが、実は暗号化された電報だった。

講和会議の通信が困難になることを予想し、あらかじめ準備していた暗号で状況を伝えたのだ。

テキサス州＝ロシア　　日本移民＝日本側の委員

米＝賠償金

「日本移民の　テキサス州の米の収穫は　見込み少なし」の電文を翻訳すれば、こうなるだろう。

我が国委員がロシアから賠償金を受取る見込みは少ない。

この電報を受け取った新聞社はさっそく、次の号外を出したという。

講和談判　我が国に不利なり

賞金の要求　拒絶さる（『五十年の回顧』朝日新聞社・昭和4年）

これがきっかけになって、樺太は半分を領有。賠償金は要求せず、などの講和会議の実情が一般に知れ渡って行った。

この会議を仲介した米大統領の、強い意向もあっての賠償金放棄だったのだが、我が国の戦力でこれ以上の戦争続行が無理だったことも否定できない。

とは言え、この戦争で受けた我が国の損害は深刻だった。


戦死傷者十一万八千人。沈没など艦船被害九十一隻。

（『明治三十七八年日露戦史』参謀本部編・明治45年）


戦費の約十八億二千万円は日清戦争の約8倍で、生産国民所得（明治37年）の約78％。

つまり国民所得の8割近くが戦費に使われ、国民はその残りで生活していたことになる。

（『現代財政学体系2』有斐閣・昭和47年）


決して楽な暮らしではなかったが、勝利を信じ誰もが辛抱していたのだ。

しかも、賠償金ゼロの深刻さはこれまで一般国民が分かち合ってきた日常生活の苦労に、これからも耐えて行かなくてはならないことでもあった。

何のための苦労だったのだろう。あれほど一生懸命に働いてきたのに。

賠償金なしとは何事だ。何という講和条約だ。ただ働きではないか。

何もかも「やらずぶったくり」だ。

こんな条約を何で結んだ。

何のための戦争だったのか。

戦いに勝てば、少しは暮らし向きも良くなるだろうと、増税や物価高の生活に、やっとの思いで耐えてきた多くの人々。

「乞食が変じて今日は立派な一人前」などの侮蔑の日々を、這いつくばって凌ぎながら、勝利の日を願っていた人たち。

戦場からの辛い知らせに、流す涙も枯れ果てた人々。

砲火に晒されて深手を負い、戦友と別れて帰国した者もいたはずだ。

こうした人たちはこの条約に何を思っただろう。


人民は旗を立てずに腹をたつ　（投書「東京朝日新聞」明治38年9月5日）

白骨の悲憤　アア我等は売られしか!!
アア我等は欺かれしか!!　（「大阪朝日新聞」明治38年9月6日）

条約反対を叫ぶ怨嗟の声は全国に広がる。

一部の政党人らは講和条約反対の動きを更に盛り上げようと、次の要領で国民大会の実施を決定する。

九月五日正午、日比谷公園で大会を開催。

同日午後二時から京橋の劇場「新富座」で政談演説会。

警察当局は現在の状況で大会を開けば社会が混乱し「社会の安寧秩序を紊す」恐れがあると、主催者に中止を求めた。

だが、折り合いつかぬまま当日を迎える。

日比谷公園の周辺は数時間前から、開催を待ちかねた数万の群衆で埋め尽くされていた。

当局は警官３５０人を動員、民衆の入園を阻止するため、６か所の公園入口を丸太で閉鎖しようとした。

だが、これが民衆の怒りに火をつける。

溜まりに溜まった不平不満を爆発させ、彼らは制止を振り切って公園に雪崩れ込み、警官との激しい乱闘騒ぎになる。

結局、国民大会は午後一時に開催されたが、当局の「社会の安寧秩序を乱す恐れ」は的外れではなかった。

民衆の一部、数千人は大会から流れ出て、誰言うとなく国民新聞社に押しかける。予てから、政府と密かに連絡を取り合い、気持ちを通い合わせている所謂、政府の御用新聞と評判されていた新聞社だ。

この大会の数日前にも、講和条約賛成の社説を書き、賠償金放棄を非難する世論を批判している。講和条約に調印した桂内閣を擁護する社説とも言えよう。

筆を執ったのは、国民新聞社の創始者でもある徳富蘇峰。言論人として名を馳せていた人物だ。

彼はこう書いている。

軍備賠償を得ずとの故を以てこの大戦争を無限に持続するが如きは条理の許さざる所なり……国運、民命を危険に賭し世界国民の同情を失うて……その帰末だ知るべからざるものあり……今日にありてはもはや死児の齢を算うるの愚をなすを用いず、ただ既成の事実によりて自ら満足すべきのみ。（社説「国民新聞」明治38年9月2日）

講和条約は既に成立している。なのに、賠償金がないという理由で、戦争を再開することは国家国民を危険にさらし、世界の信用を失うことだ。愚かなことはやめよう、という蘇峰の主張は道理にかなった当然のこと。冷静に読めば誰もが容易に納得できただろう。だが、押しかけて来た群衆は公園での乱闘騒ぎで、やり場のない苛立ちを益々抱え込んでしまっていた。

新聞社前に配置されていた警備員を見ただけで、彼らの憤懣は火を吐いた。

もしも彼らの中に、この戦争で身近な者を亡くした人たちがいて、社説の「死児の齢を算うるの愚」という部分を読み、或いは耳にしていたとすれば、己の悲しみを愚かと誇られたと怒り、国民新聞社への乱入者の一人となり、窓ガラスや印刷機械の破壊に手を貸したかも知れない。

日比谷公園の近くの内務大臣官邸も、数万の群衆が投石などで襲撃。放火事件も発生した、群衆排除のため当局は警官の抜剣を指示。騒動は更に燃え広がる。

7日の明け方まで、民衆に襲われ破壊された警察署、交番・派出所は260ヶ所（全体の約7割）。

派出所や電車十数台が放火される。

東京全体を悲鳴と怒号で包んだ非常事態だった。

だが、やがて戒厳令が布告され、暴動鎮圧に軍隊も出動し、約70時間に及ぶ騒擾は漸く収束する。

ただ、同様の騒ぎは横浜、大阪、京都など全国各地にも広く波及する。

神戸では講和反対の演説会で興奮した聴衆たちが、我が国の初代首相を務め、合わせて4回も総理として日本政治を司り、日清戦争では講和会議の責任者だった伊藤博文の銅像を「ついにヤンヤの声を挙げて引き落とし」神戸市内を曳ずり回している。

百余名にて相生町を西に銅像を曳き回り……五丁目の交番所に至るや銅像を打ち付けて交番所を破壊し、巡査の制止も聞き入れず……更に福原口派出所に赴き、棍棒または石などでこれを破壊し、巡査を殴打し、付近の看板、ランプ、行灯などを投げ、石を飛ばし、早く焼き打ちにすべしと絶叫するものあり……。（号外「大阪毎日新聞」明治38年9月8日）

日比谷公園に始まる騒動は後に、日比谷焼打事件と呼ばれるが、この事件の死傷者は検事局（現在の検察庁）によると528名（死者17名）。

そのうち詳細が分かった300人について、傷害の原因を次のように項目別で発表している。

群衆の圧倒による　27名　　　　　投石による　　　　28名
兵の銃剣による　　4　　　　　　　警官の抜剣による　２７１
（『日本警察史点描』渡辺忠威・立花書房・昭和52年）

最初の項目の27名は多分、多くは日比谷公園での負傷者だろう。

警官は公園では未だ抜剣していない。

大会に押しかけた群衆は当時のことだから和服の着流しに下駄履き。晩夏の日差しを庇うため、多くが洋傘を持っていたという。

乱闘騒ぎで群衆は下駄と傘を振り回し、警官は素手で力任せに殴る、蹴る、突き飛ばすであったろう。

公園での負傷者が、それほど多くなかったことは、お互いにとって幸せだったと言うべきであろうが、それにしても当局がこの騒動を強引に、出来るだけ早く収束させたかったことに間違いあるまい。

警官・軍人　５０２　　　　民衆　５６０

これは警視庁の発表による、この事件全体での死傷者数だが検事局調査の、警官の抜剣による死傷者271名ということは、民衆の死傷者のほぼ半数が、警官に切られていることになる。

また、この事件で約1700名を逮捕し、千余名を程なく釈放している。

こうしたことからも、彼らの剣を振りかざしての、手厳しく荒々しい取り締まりが想像できる。

だが警官が死傷させ、或いは逮捕、起訴した者の大部分が、市街の外れで細々と暮らしている職人、職工、人足、車夫ら、つまり細民・貧民とも呼ばれ侮蔑されていた、下層階級の人々であったことは注目すべきだろう。

彼らの住まいは普通、平屋の長屋一棟を幾つかに区切った、俗にいう棟割長屋の一室で、四畳半か三畳の居間に土間兼台所。天井板はなく背を伸ばせば屋根に当たる程度の薄暗い部屋だった。

しかも、生活環境は程度の差はあれ、概ね次の様なものだった。

飲料水は堀井戸もあり、水道共用栓も設けられてありと雖も土地低く四方湿地、常に絶えず雨水泥土の侵入……。

共同便所は随所にあり、その不潔言わむかたなく、壁は破れ板は剥げ、汚物斜日に照らされて、臭気粉々道を覆い……中には扉のない不体裁極まる便所さへあった。

室の床は低いが土地は湿地……軒下の下水は不潔で、汚水が漂ふまま流れもせず悪臭を放っている。（『どん底の人たち』草間八十雄・玄林社・昭和11年）

こうした場所で、軍隊の残飯を争い求めて日々の糧にするような細々とした暮らしでも、彼らなりに「お国のため」と、毎日の仕事をただ黙々と人一倍、汗水流して働いていた。そんな彼らにとって、貰えるはずの賠償金を投げ捨てるなど、飛び上がるほどバカバカしかった。

黙って我慢できるかと雪崩れ込んだ日比谷公園。３５０名の警官が取り囲む中で、一声吠えたそのあとはただ、もう誰もが無我夢中。

が、その後の彼らの中には、警官の白刃に追い立てられて逃げ惑いながら「何でこんな目に遭うのか」と己の惨めさにふと気づくと、賠償金問題を押しのけて日頃の貧しさや、厳しく取り締まる警官への日頃の不平不満がどっと湧き上がり「金を戦争に捨てるより、俺の暮らしの面倒見ろ」と、電車目がけて燃える薪を投げつけた者が少なくなかったのではなかろうか。

戦時中は世間を気にして、何も言わずひたすら我慢してきた憤懣が、賠償金をきっかけに迸り出たとしても不思議ではあるまい。

軍備全廃がましだ。なまじの軍備があるから敵味方を殺戮し、国を貧乏にし、国の不名誉を招き、人民の負担を多くするのだ。（投書「東京朝日新聞」明治38年9月3日）

次の投書の主も、もしも健康体であったなら率先してこの事件に参加して「ぶつかり合う警官と群衆」に押し倒されて負傷をし、逮捕起訴されていたのではなかろうか。

私は戦闘で片足を失い、弟は昨年戦死しました……それが少しもお国のためにならず実に残念、涙も出来ません。兵隊ほど馬鹿らしいものはありません。

彼は手柄を立てて凱旋し、戦場の思い出話をお茶うけに野良仕事にも精を出し、家族揃って楽しく明るく暮らそうと、一途な思いを胸にして戦地へ向かったことだろう。

だがすっかり、その夢にはぐれてしまった。

何のため戦ったのか。敵弾で片足を失くし弟までも奪われ、和やかな家族の暮らしも壊れた。口惜しさ、空しさが募るばかり。

誰に向って晴らしようもない、怒りと無念の思いを刻み込んだ投書なのだ。

「何れは銃取る若者たちよ。絶対に俺の真似をしてはならぬ。死んではならぬ怪我するな。家族が大事だ。無理するな」と、苦々しい気持ちを吐き捨てるような言葉で投書を結んでいる。


固く子孫の末まで申し伝へて置きます。必ず兵隊に取られぬように平素神仏に祈願を致し、不幸にも戦争に行くことがあっても必ず敵に手向かい致さず第一番に俘虜になれと。

（投書「東京朝日新聞」明治38年９月５日）


翌年、この事件の裁判が始まる。

焼打ち事件への関与を疑われ、起訴された国民大会の幹部委員十五名の公判は４月に結審。証拠不十分などで全員無罪。

その後、一般暴徒として起訴された１０２名の公判が、社会派として有名な花井卓蔵らが弁護団となって始まる。

戒厳令が布告されたほどの重大事件であり、それを引き起こした直接の原因が、彼らの放火暴行などにあることに疑いはない。

その責任は重く、彼らの言動が無法だとして激しく追及されても当然だ。

ところが、彼らを糾弾する立場にある担当検事の、被告らへの最終論告は次のように記録されている。


本件は別に深き根あるにあらず、一時の興に乗じて行ひたるものなれば、酌量すべき価値あり、故に死罪の如きは一等を減じられたく……然るべく処決せらるべし。

（高橋雄豺『明治警察史研究』令文社・昭和36年）


「反政府、反講和を目指す強い意志があって、故意に騒動を起こしたのではない。単に群衆心理に溺れ、面白半分で騒ぎ立てただけだ」。だから事情を考え手加減を加えて量刑すべきだ。「酌量すべき価値あり」と述べている。

国家秩序を維持するため秋霜烈日、秋の厳しい霜・夏の激しい日のように、厳しく法を執行すべき「雄々しい」立場の検察官が、被告らを犯罪者として容赦なく非難するのではなく、寧ろ彼らを庇い弁護しているのだ。

彼が事件の重大さに気付かなかったはずはない。

講和条約を非難する数多くの新聞投書からも、被告らの行動が決して「一時の興に乗じた」面白半分の騒動でなかったことは容易に推測できる。

しかも、日比谷事件の影響は大きく、全国にも様々な形で波及している。

こうした状況であれば、社会正義の維持のため検事は彼らをより峻厳に取り調べ、たとえ些細な罪であろうと厳しく責め立てるべきだ。

だが全く逆だ。裁判官に情状酌量を求めている。

何故だろう。

それは検事が、この騒動が「一時の興」で発生したのではなく、反政府的な意味も強いことを、誰よりも充分に理解しながらも、日頃の彼らの暮らしぶりを考えたとき、この騒擾を起こさざるを得なかった彼らの痛ましい心情を見出し、それを権力で処罰することに躊躇ったからではあるまいか。

だからこそ敢えて「深き根あるにあらず」「一時の興」と論告し、被告らを法理論だけで淡々と裁くべきではない。騒動の奥に潜在している彼らの切ない「めめしさ」を見落としてはならない。法は傲慢であってはならない。彼らへの死刑だけは避けるべきだと、裁判官に訴えたとは考えられないだろうか。

これはもちろん、単なる推測でしかない。だが検事論告を裏返せば「皆命を重んじ身体を大切にし」と、左手に剣を握り、右手にハンケチを鷲つかみにして全身をふるわせ、両眼を押し拭いながらの参謀長訓示とも聞こえてきそうだ。

軍も人も「めめしさ」を徹底的に敵視してはいなかった。

各人の心の奥底で対立しながらも、「雄々しさ」と「めめしさ」とは寄り添っていた。世間もそうであった。

それが常識だった。

つまり、お互いがお互いを必要としている時代であった。

だからこそ「第一番に捕虜になれ」との叫びが、新聞を飾ることができたに違いあるまい。

当時、新派の『忠臣蔵』と言われるほどまでに評判となり、昭和に至るまで各地で大入りの舞台公演を続けた『不如帰《ほととぎす》』も、その表れの一つとなるであろう。

5 「人間はどうして」

旦那は反身になって悠然と行く後から、奥さんがくの字形になって、せいせい言ってつ

いてゆく。（「太陽」佐々浪子・明治32年21号）

当時、こうした光景は一般的だった。

社会の底にはまだまだ男尊女卑が細かい根を張り巡らしていた。

日本女子大の設立を前にして、大隈重信は女子教育について、こう語っている。

日本に於ては先ず概ね何事にも、服従と云ふ義務を教ゆる外に何もない……けれども富国強兵の実をあげんとせば必ず女子の知識を開発上進し女子の性格を高尚優美ならしめなければならぬ。（『女子教育談』青木嵩山堂・明治36年）

こうした世情を背景に明治31年、徳富蘆花の小説『不如帰』の新聞連載が始まり、後に出版され明治期を代表するベストセラーになる。

「雄々しさ」の亀鑑である海軍士官の夫の武男と、可憐で美しい若妻浪子とが織りなす物語だが、二人の新婚生活は幸せだった。

何の躊躇いもなく「天真の、麗はしい情」のまま暮らしていた。

真実其の妻を愛して居りながら……却って冷酷らしくして居るものもある。所謂強がりである……世間から男らしからぬと言はれまいとの虚栄心が、天真の、麗はしい情の発動を妨げたもので……。（中島徳蔵「中央公論」明治40年3月号）

武男は世間一般の、強がる男たちとは違っていた。

「雄々しい」軍人でありながら、妻を労り庇い慈しむ、言わば「めめしい」気持ちを、何の恥じらいもなく優しく表現できる心豊かな将校だった。

だが、それまでの幸せの日差しは陰り始める。

彼女が結核を患ったためだ。

じわりじわりと、暗い影に覆われ始めた二人の暮らし。

当時、結核は確実な予防法も治療薬もなく、死亡率は年毎に上昇して「亡国病」「不治の病」と疎まれ、公的な死因統計が始まった明治33年から昭和9年までは死因の2位。それ以降は統計が中断する昭和18年までは1位。

伝染への恐怖から、患者は不気味な疫病神のように嫌われ、遠ざけられていた。

特に女性が結核になった場合、彼女は一段と深刻な恐怖に慄《おのの》かなくてはならなかった。

彼女たちの結核死亡率は常に男性以上だったからだ。

最も精力を消耗する結婚、妊娠、子育ての時期が一段と高い数値を示していた。

また、若しも夫が患者になったら、献身的に看病するのが彼女たちにとっての、守るべき鉄則だった。

例えば「肺病であることを隠していた男と結婚してしまった。別れたい」という相談に識者らはこう答えている。(『婦人公論』大正5年4月号)

余りに道徳を離れた水臭い考である。(三輪田元道)
運命に服従し妻たる道に努むべきだ。(鳩山春子)
それを天職として死んでしまえば理想的だ。(山室軍平)

だが逆に、妻となり嫁となって結核に感染すれば厄介者扱いされ、否応なしに実家に戻されるのが通例だった。

浪子の場合もそうだった。

武男の留守中、世間体を気にする姑から強引に離縁され、実家に戻されてしまう。

浪子は恋い慕う武男に会えぬまま「二度と女に生まれるものか」と結核の辛さ、家族制度の非情さに悶え恨み苦しみながら病死する。

これが『不如帰』の粗筋だ。

新聞に連載中から評判が高く、明治36年に出版され映画にもなり観衆が殺到する。

観客があまりにも多くて捌《さば》き切れず、我国の映画興行で始めて昼夜2回の上映を行ったという。

舞台化もほぼ同じ時期だ。

特に喜多村緑郎らの東京本郷座公演（明治41年、脚本・柳川春葉）は一挙に世評を高め、それからの『不如帰』は「新派の忠臣蔵」と言われるほど大入りを続ける。


「不如帰」の看板前には帽子と簪《かんざし》と下駄と靴と相触れ相接して「押すな押すな」「あれ貴方」と呼び合う様唯事ならず。これ悉く「不如帰」を見て泣かんとする人々なり。

（「国民新聞」明治41年4月5日）


愛し合い信じ合い、共に労わり慰め励まし合う武男・浪子の暮らしが、無残にも潰えて行く哀れさ、切なさ。

非情な家族制度に、じわりじわりと悲劇の淵へ追い詰められて行く浪子の痛ましさ。

それは舞台での別世界の出来事ではあっても、まるで自分自身のことのように観衆の心を捉え、抉《えぐ》り、嘆かせ、怨ませ、悲しませた。

彼らもまた、ただ一人の例外もなく常に結核に怯え慄きながら、非情で無情な家族制度の社会を、生きて行かなくてはならなかったのだ。

それだけに、浪子と武男とが愛を紡ぎ合うあまりにも美しく切ない場面の数々は観客の胸を締め付け、浪子を一段と可憐にし彼女への涙を更に悲しいものにした。

この劇で最も有名なのは第３幕逗子海岸の場。

間もなく任地に向う夫、己の病を案じる浪子。愛情溢れる瞳で見つめ合い、睦まじく語り合う二人。

その眩しさ、悲しさ、美しさ。観客の誰もが悲涙を絞るシーンだ。

病を気にして不安げに「治るでしょうか」と夫に慕い寄る浪子。

不憫さ、愛しさが胸に湧きあがり「ぼくが治して見せる」と、浪子を労わり励ます武男の優しさ。

その嬉しさに、切なさも更に募って「夫が可哀そう、申し訳ない」と、か細く心を震わせながら今日もまた繰り返す浪子のせん無い嘆き。なんで私がこんな病気に……。

浪子　だけど人間は何うして死ぬのでせう。千年も万年も生きたいわ。死ぬなら二人で……ね、貴方。

生きていたい。死にたくない。別れたくない。一緒にいたい。寿命が尽きた後までも私の武男でいて欲しい。「死ぬなら二人で」と精一杯に甘え縋《すが》りつく。

愛情迸《ほとばし》る舞台。静けさ張り詰めた場内。

観客の誰もが息を飲み、瞬き一つすらない。

武男　浪さんが死んだら、僕も生きて居らんよ。

浪子　嬉しいわ私……死んでも貴方の妻ですわ。

これまで、これほど穏やかで温かく、そして鮮烈な愛の言葉に接した観客がいたであろうか。

夫が妻に、しかも、海軍軍人の言葉だ。

たとえ舞台の台詞であれ、なんと穏やかで激しく、新鮮で刺激的だったことか。

詰めかけている観客にはおそらく、生まれて初めて耳にする愛情満ち溢れた会話だったに違いあるまい。

彼らは流れ落ちる感涙を拭くこともなく、感動に浸っていたことであろう。

だが、結核を患っている浪子は非情にも、愛しい武男と離れ離れになったまま、ずるずると酷い運命に押し流されなくてはならない。

哀れさ、痛ましさ切なさ。胸締めつけられた観客の、感情のうねりは高まる。

程なく、別離の時。

小舟に揺られ帽子を振りながら次第次第に、任地へと遠去かって行く武男。

何時までもその姿を見失うまいと、渚の松に寄りかかり背伸びしながら懸命に、やせ細った手で真白いハンカチを振り続け、思いよ届けと声振り絞る浪子。

貴方、早く帰って頂戴よ

切り裂くように響く、まさに血を吐く叫び声だ。

だが、それが浪子の夫との今生の別れだった。

浪子の悲しみに観衆は嗚咽し、彼女の涙に劇場が潤み、世間が泣いた。

その時妻はわが両手　しかと握りて俯《うつむ》きつ

早く帰りて頂戴と三度叫びしその声は今尚耳に残れども
ああ浪さんよなぜ死んだ（詞・添田唖蝉坊）

大衆にとって『不如帰』は彼らの暮しの彼方を描いた、単なる小説や芝居ではなかった。日清・日露の戦争に嘆き、結核に苦しむ彼らの實生活の写し絵でもあった。名残を惜しみ、振り返り振り返り戦場に旅立ったまま、遂に帰らぬ人となった息子や夫、父や兄弟、或いは恋しい人々。

そんな彼らをしみじみと想い出し「さぞかし辛かったことだろう。せめて一言、早く帰ってと言って上げれば良かった」と唇を噛み心震わせ、或いは結核に悶える己の人生を浪子に重ね合わせ『不如帰』に涙した人々はさぞかし多かったことであろう。

私は「ほととぎす」の芝居を見てから寝ても覚めても浪子のことが忘れることが出来ず、今では浪子の画を肌身離さず持っています。そしていつも悲しい心持でいます。忘れることの出来るよう教えて下さい。（投書「都新聞」明治45年3月10日）

死にたくはなかった。死なせたくもなかった。一日でも長く楽しく家族揃って暮らしたかった。誰もがそう願っていた。だが、それは容易に叶わなかった。

当時の人はその無念さを、投げやり気味で「人生僅か50年」と言っていたのではあるまいか。

だが、それすらも甘い妄想でしかなかった。

日本人の平均寿命が50歳になったのはやっと、１９４７年になってからだ。

僅か50年にも満たないのが当時の、厳しい現実の人生だった。

人は誰も、その儚ない事実から眼を逸らして生きることはできなかった。

特に滅私奉公を誇り「雄々しさ」を信条としている人であれば、尚更であったはずだ。

死への恐怖を懸命に抑え抑えての暮しであるだけに、彼らの胸底には生への願望が誰よりも激しく凝縮され、切実に燃え滾《たぎ》っていたに違いない。

それはつまり「生の欲望」が、立場がどうであれ夫々の心の内を一つに結び、相手を思い遣り、理解し合うための、何よりの絆になっていたということになるであろう。

全面的に対立し反撥し合っている義理と人情、「雄々しさ」と「めめしさ」が心の深層では肩を寄せ合っていたのだ。

平均余命が50年に満たない、命短い時代だった。それだけに、人も国も「雄々しさ」も「めめしさ」も、儚い命に敬虔だった。

だからこそ「命を大切に」という参謀長の訓示や「死罪の如きは一等を減じられたく」と

いう論告があり「第一番に捕虜になれ」という投書が生まれたに違いあるまい。

6　団十郎と馬の脚

明治39年には呉海軍工廠。小石川砲兵工廠、石川島造船所賃上げ闘争などが激化。東京市電値上げ反対運動は暴動化して軍隊が出動。更には東北では大飢饉が発生する。翌40年には足尾銅山、別子銅山暴動など労働争議が約240件。それは明治年間で最高の発生件数となっている。

その一方、戦後の物価高は上層階層の投機熱を煽り立て、思わぬ大金を手にした「成金」と呼ばれる人々も生まれた。

ただ、この年の1月末には東京の株式相場が大暴落。更にはアメリカの恐慌で生糸輸出が不振となり、生糸相場も大暴落。他の輸出品や物価の下落ともなり、銀行の支払い停止が発生する。

もともと、戦時中の我が国は増税や国債、巨額の外国債などで戦費をまかない、それを講和の賠償金で補う予定だった。

だがそれがダメになり、産業界は大きな打撃を受ける。

それまで活発だった重工業なども沈滞化し、戦後不況の幕が開いたと言えるだろう。経済的にも社会的にも頼るものがない、混沌した時代の到来は数多くの人々に「浪さんが死んだら、僕も生きて居らんよ」「嬉しいわ私……死んでも貴方の妻ですわ」など、数々の『不如帰』の場面を益々忘れ難くし、優しい家庭生活への願望も強まって行ったことであろう。そんな時代風潮を感じ取ってのことか。次の論は「まず家庭を円満にしよう」と訴えている。

家などは如何でも好い。国家に対する義務は重大であると云ふ様に……甚だしきに至っては一家の私事を行ふのは罪悪であるかのやうに考へて居る人さへある。然しそれでは人間の性情を損なふ。（『常識道徳』佐治實然・新公論・明治42年）

筆者の佐治實然は黒岩涙香、幸徳秋水、内村鑑三、花井卓蔵ら社会改良を目指すグループ「理想団」の一人。非戦論者、平民主義者としても有名な宗教家だった。

この数年前、慶応義塾教師だった向軍治は旅順攻略を取り上げ、３回にわたる総攻撃を含め13万の将兵を動員し、日露戦争全体の死傷者の、約30％に当たる４万人余りの死傷者を出したことを批判し物議を醸している。

鉄と火に向て徒に貴重の生命を擲たしめたるは乱暴の極なり。

（向軍治「萬朝報」明治39年7月25日）

乃木希典を頭に浮かべての、如何にも学者らしい論だが、佐治は論の対象を東郷平八郎に置き換え、更に分かり易い口調で述べている。

人類の歴史を飾るべき花なんぞは無い方が好い……東郷をして空前絶後の名を成さしめたのも忠勇無比の一兵卒の団体である。馬の脚もなければ団十郎も舞台では仕事は出来ない……偉人聖人は山の頂、木の梢の様なものである。多数の人民が犠牲になって居ると見ねばならぬ。

乃木と同じく東郷もまた、多数の非力な兵卒たちを犠牲にして英雄になったのだとの批判だ。

自分なりの平凡な生活を護ろう。歴史を飾る花になるより、平凡で平和な暮らしを飾る花になろうと強調している。

一部の強者だけに富が集中し、多くの弱者が貧しい暮らしを強いられている社会への怒りが、彼の言葉の裏にあることに間違いはあるまい。

これに対して「柔弱なる気風の瀰漫《びまん》……虚栄、無気力、嗚呼何たる事ぞ」と慨嘆する作家押川春浪は憤激の言葉を連ねる。

実に憫笑すべき小人根性……国家大発展の妨害者なり。彼等は国家を愛するよりも金銭を愛し妻子を愛さん事を思ふ……何ぞ其心事の陋劣にして其主義の野卑なるや。

（押川春浪「冒険世界」明治43年12月号）

押川は早稲田在学中の著書『海底軍艦』などで少年たちの胸をときめかせ、冒険小説家として圧倒的な人気を得て、野球の振興に尽力するなど逞しいエネルギーを迸らせ「雄々しさ」振りを存分に発揮した人物だ。

彼にしてみれば「国家より家庭が大事」と説くばかりか、日本海海戦の英雄東郷平八郎を貶めるなど、国を害する社会主義者だと罵りたくなっても当然であろう。

彼等は英雄主義を冷笑し、日本武士道を嘲り、国士の行動を冷罵す……国家を無視し、国民の大いに活動発展すべき所以を忘れて円満なる家庭を作るの必要何処にあるや彼は降り注ぐ弾雨の中、指揮刀を握りしめた拳で、進め！進め！と部下を叱咤激励する指揮官こそ称えるべき「雄々しい」英雄と信じ、円満な家庭生活を願うなど、何の役にも立たぬ「めめしさ」だったのだ。

しかし、彼も一時代を築くだけの見識を持った人物だ。「円満な家庭生活」の願いが、世間に鬱積しているということ、つまり多くの人が戦前からの辛い暮らしに、心底から倦み疲れている現実には気づいていたであろう。だからこそ尚更激しく「円満なる家庭がなぜ必要なのか」と詰問し、元気を出せと拳を振るっているのかも知れない。

それは彼の心模様であると同時に、義理と人情とがいがみ合いながらも寄り添っていた、バランスの取れた当時の世相を表しているかのような気がする。

ほぼ同時期の明治42年、陸軍最高幹部の一人大島久直（教育総監）が行った訓示も、そのことを物語っているようだ。

この年、帝国陸軍はそれまで、戦争で部下を指揮する原則などのマニュアルとして、ドイツの教本を利用していたのを改め、我が国で初の『歩兵操典』を制定している。

世界各国が軍備拡張に狂奔している際、なぜ独自の操典を制定したのか。その理由を、最高責任者だった大島は上級将校らにこう語っている。

わが国には外国のように、軍備を強化するだけの財政的余裕がない。だが「無形の武器は鉄壁を粉砕し、寡を以て衆を破り得る」。攻撃精神を強化するため、我が国独自の『歩兵操典』を制定したと述べ、次のように結んでいる。

換言すれば銃剣突撃を以て敵を殲滅するにあらざれば、戦争の目的は達し得られざるものと覚悟しあらざるべからず。

銃剣突撃とは猛烈な集中砲火を浴びながら銃剣を構え、兵士が肉弾となって敵陣目がけて突っ込むことだ。

忽ち全身血まみれになり彼らの肢体は無残に飛び散る。まさに生き地獄だ。

その凄惨さは旅順総攻撃を指揮した大島が知らぬはずはない。

それでも、兵士らに生き地獄への銃剣突撃を強調している。

いつの時代であれ、軍人に攻撃精神は不可欠だ。だが、大島の主張には昭和の戦時期と明確に違うことがある。

彼は武器がなくとも軍人精神がある。「モノより心だ」と、空疎な精神至上主義を振りかざしてはいないのだ。

冷静な理性で帝国の貧しい財政状況を正確に把握し、軍備不足という致命的な欠陥を直視し、それを補う窮余の一策として「銃剣突撃」を操典に取り入れたのだ。


凡の攻撃は勝利を得べき唯一の手段なり。故に指揮官は……常に攻撃を決行すべし。攻撃の要は剛健なる意思を以て専心敵に向ひ勇進するにあり。（『歩兵操典』第2章「攻撃」）


だが「覚悟しあらざるべからず」とは何を意味している発言なのだろう。

彼の言葉を単純に解釈すれば、銃剣突撃を「覚悟しろ」と言っているようだが、その覚悟とは何だろう。

まさか作戦指揮を取る将校らに、兵士と共に銃剣突撃をする覚悟を求めているのではあるまい。

おそらく、多くの兵士たちに「地獄へ突撃しろ。死んでこい」と、非情な銃剣突撃を命令しなくてはならぬ惨酷さを「覚悟しろ」と言ったのではなかろうか。

命ぜられるまま、生への願いをかなぐり捨てて銃剣突撃をする兵士の断腸の思い、彼らの家族の嘆き悲しみを噛みしめろと、人間としての覚悟を求めた歩兵操典だったのではなかろうか。

もちろん、これは憶測でしかない。

だが『不如帰』が大当たりの幕を開けたのとほぼ同時期に作成された、帝国陸軍のマニュアルの一つ『野外要務令』の一項目と照らし合わせると、それほど的外れの憶測でもなさそうだ。

そこには次の条文が書かれている。


若シ退却ニ当リ已ムヲ得ザル場合ニ於テハ須要ナル衛生人員ハ病者及傷者ト共ニ残留シ治那伯条約ノ保護ニ頼ラシムベシ

勝つことだけに没頭する軍人ではなかった。銃剣突撃を当然とする軍隊でもなかった。

指導者は勝利のため、滅私奉公の旗印を高々と翻していた。だが、兵を犠牲にしなくてはならぬ痛みをもまた抱きしめていた。

だからこそ、帝国はジュネーブ条約を守るべしと強調していた。

それが「雄々しさ」の本山である軍隊の姿だった。

そこには「生きて虜囚の辱めを受けず」と言った訓告はまだ存在していなかった。

当時の軍隊には未だに「雄々しさ」と「めめしさ」とのバランス感覚が生きていた。国民皆兵の時代、おそらく世間もまた同様の傾向が強かったであろう。

とは言え、己の「雄々しさ」を誇る優越感から、無分別に相手を卑下し差別する事例は少なくなかった。

例えば国内に居住する弱小のアジア諸民族に対しての対応がそうだった。

女性を見下した男性の意識や行動もまたそうだった。

吾等は常に思ふ、日本婦人美の一要素は羞恥の姿態にありと……男子と相対しては伏し目勝ちに、道行くにしても慎ましやかに……何事にも恥しげにて世慣れざる様子の處に日本処女の美は存するを思ふ。（社説「婦女新聞」明治45年6月21日）

こうした男女の差別意識は明治以前からの、長い伝統を持つものだが、かつて「平民と品位を異にする」切腹があったように、為政者側が民衆を見下す官尊民卑の意識もまた、一般の日常生活からさえも切り離せない歴史的産物と言わなくてはなるまい。

当時の政府要人たちはほとんど、かつて勤皇倒幕に奔走し、命懸けで輝かしい成果をあげた各藩の強者たちだっただけに、自分たちが明治の生みの親であり、自分たち以外に国政を担当できる者はいないという、責任感とプライドを持っていたことに間違いないだろう。

二代目首相黒田清隆はその典型的な人物だった。

「政府は超然として政党の外に立つ」という政治的姿勢も、これまで動乱の中で培ってきた自信、優越感、責任感などから生まれたのであろう。

本格的に明治政府が始動し始めて以来、政党を全く度外視し、政党政治を否認し、政党の意見には拘束されない内閣、つまり超然内閣による政治が始まったのだ。

首相も政党とは関係なく、各人が属する各藩閥の力関係で持ち回り的に選ばれた。民衆は遠くから、誰が総理大臣になるのか、ただ眺めるしかなかった。

明治34年から10年間、公家出身の西園寺公望と交互に首相を持ち回りした桂太郎もまたその一人だった。

だが、彼が第三次桂内閣を組閣した大正元年、彼を待ち構えていたのは「第一次憲政擁護運動」という激しく渦巻く怒涛だった。

第2章　「必ずしも遠き後とは……」——男と女の大正時代

1　心ならずも「別れの辛さ」

日露戦争後も民衆の生活難は募るばかりだった。

戦時期、国内外に売出した公債は利息支払いだけでも重い負担となり、結局は戦前以上の増税となって、国民の上に圧し掛かって来た。

その苛立ちと憤懣は次第に募り、藩閥の超然内閣への視線も鋭くなっていった。

そうした政治情勢の中、明治44年から第二次内閣を組織していた西園寺公望は緊縮財政を唱える。

政界や実業界の中からも、それに対する賛同は広がり、生活不安に怯える大衆の期待は高まった。

だが陸軍は強固に軍備増強を主張し、彼らの後押しで大正元年末、第三次桂内閣が誕生する。

時流に逆行するこの状況に尾崎行雄、犬養毅らは政治を藩閥から政党へ取り戻そうと憲政擁護会を結成、桂内閣への全国的な憤懣を盛り上げる。

大正2年2月10日。各地の憲政擁護国民大会を終え、反政府の怒りを抱いた数万人の群衆は陸続と議事堂周辺に集まる。

だが、配備されていた騎馬巡査、騎馬憲兵ら約5000名の警官隊が蹴散らしてしまう。憤慨した群衆は運動を弾圧した警察署や、政府を支持する新聞社を襲い、放火し、十数名の死傷者を出し、市電26台を破壊する。これに対し警官隊は抜刀して鎮圧にあたり、軍隊まで出動する騒乱となる。所謂、第一次憲政擁護運動だ。

翌11日になった頃、騒動はようやく収まり、桂内閣は僅か53日という短命で瓦解する。

この騒動で起訴された者は153名。その多くは日比谷焼打事件の場合と同じく無職、日雇い、車夫など、日頃から日常生活の苦しさを嘗め続けている下層社会の住民だった。

だが、取調べにあたった検察幹部の談話も焼打事件での「深き根あるにあらず、酌量すべき価値あり」を、思い起こさせるものだった。

今回の騒動は所謂群集心理から起こったのであって……只だ勢ひに駆られてやったのだから……量刑は可成斟酌したい。然し……殺人、放火をやったものもあって、そう寛大にもゆかぬが……やはり事情は可成り斟酌して処分したい。(「法律新聞」843号)

一国を激しく揺り動かし、殺人放火も発生した政治的な騒擾事件だ。法規通りに罪を責めて当然だが、罪を犯した「事情は可成り斟酌して寛大な処分」をすると、公に発言している。被告らが事件の首謀者でなかったことも、情状酌量の理由の一つかも知れないが、「勢ひに駆られて」騒動を起こしてしまった彼らの心情を考えたとき、この騒動でしか訴えられなかった彼らの苛立ち、悲しみ、怒り、そして日頃の生活ぶりが、検察官にあまりにも哀れに伝わり「事情は可成り斟酌」の発言になったのではなかろうか。

日比谷と憲政擁護の騒動を重ね合わせて考えたとき、弱者を思いやる「めめしさ」が、強くて逞しい「雄々しい」社会に息づいていたことを確かに感じる。

ところが、男対女となると状況は一変する。

本当の高等教育を女子に授けますと良妻賢母が出来るに相違ありませぬ。お転婆でなく謙遜な淑女が出来るに相違ありません……高慢とか我儘とか粗暴とか言ふものを除き去って淑女を養成する様になった時は世人が女子教育の効能を悟り……

（『女子教育談』青木嵩山堂・明治36年）

これは日本女子大の創立者、成瀬仁蔵の言葉だが、当時の理想的な女性像を見ることができるだろう。

女性は男社会に反抗したり、逆らったり、不満を言ったりしてはならない。お転婆、粗暴、我儘、高慢であってはならない。つまり「女は従順であるべし」それが女性の心得であり、世間の常識でもあった。

ところが、そんな常識を嘲笑うかのように、憲政擁護運動とほぼ同時期、平塚らいてう「新しい女」が登場。男女同権を訴える。

男尊女卑社会に叛旗を翻したのだ。

世間が受けたショックは激しかった。

女の癖に向ふ鉢巻で長刀を振り翳して暴れ廻らねばならぬ程の事もあるまいが、そこが所謂新しい女だ……男女同権論には賛成出来ぬ……男性が優等で女性が劣等……何れの

点から見ても女は劣等である。（福本日南「太陽」大正2年6月15日号）

福本は福岡生まれの記者で後に「九州日報」の主筆や代議士を務めた人物だが、彼の様に「新しい女」をお転婆、粗暴、我儘、高慢と侮蔑し、女は劣等と軽蔑する声は世間の常識だった。特に松井須摩子への視線は憎々しげだった。

彼女は平塚らいてうと共に、社会風俗を壊乱させる「新しい女」の元凶と看做されていた。ところが、彼女がヒロインのカチュウシャを演じている『復活』の舞台は連日、若者を中心に大勢の観客を引き付けている。

このことも須磨子への嫌悪感を増幅させているのだが、彼女の経歴もまた、世間の反発を強くしていた。夫と子を捨て、島村抱月の文芸協会に入り彼と相愛の仲になる。その抱月にも妻と娘がいた。絵にかいたような不倫だ。

主役を演じた翻訳劇『故郷』は我が国の風俗を損なうとして、公演終了後に上演禁止となる。こうしたことが、私生活の悪しざまな噂を更に盛り立て、彼女は燃え立つような批判中傷を浴びてしまう。

しかし、その批判は『復活』の評判を更に高める。

押し掛けた大観衆は舞台のキスシーンに心を奪われ陶然となる。

彼女が歌う中山晋平作の劇中歌『カチュウシャの唄』はたちまち大衆を魅了し、爆発的に世間に広まる。

カチュウシャ可愛や　別れのつらさ
せめて淡雪　とけぬ間に
神に願いを　らら　かけましょか

幼い子供までが町のそこここで歌うほどの流行ぶりだった。
それを慨嘆し、非教育的として歌唱を禁止する学校さえ出るほどだった。

淫媚な歌です。下品な歌です。極めて卑猥な歌です。風格も声調も下劣な歌です。至る所の青年男女がこの歌をうたふを聴いて、誠に情けなく思ひました。
（投書「都新聞」大正3年8月13日）

当時、浅草の小学校で音楽を指導していた中山は次のように回想している。

最初はそれほど流行するとも思わず、この曲を上級生の音程練習に使っていた。ところが、世間に広がり始める頃には全校の児童が覚えて、校庭と云わず廊下と云わず歌って歌って歌いまくった。えらいことになったぞ、と思っているうち緊急職員会が開かれた。歌唱禁止の意見もあったが、外の学校では歌唱を禁止したら却って火の手が激しくなったと実例を挙げて説得し、静観することで会議を纏めた。外の教師たちは自分のことを唱歌先生と呼んでいたので、児童たちで「この先生が中山晋平だ」と知っている者は誰もいなかった。（「教育音楽」昭和25年5月号）

世間を、こうした騒ぎに巻き込んだ『復活』だが、取り締まりに当る警視庁の対応は何故か曖昧だった。

社会の秩序や風俗を破壊するものなら直ぐに禁止すべきだが「盛んにキッスをやっている接吻芝居」を禁じるかどうかの判断は難しい。「心ならずも手の届かんため」と、公演を放任している。（「東京朝日新聞」大正3年7月28日）

これまで数多く発刊停止や公演中止などを行っている検閲当局だ。彼らに「手が届かぬ」

はずはない。

しかも、当局者自身が為にならぬと信じ、見せたくないと思っている。こうした状況であれば、たとえどんなに困難であろうと、届かぬ手を無理やり延ばしてでも、徹底的に取り締まるのが彼らの職責だ。

だが「禁止の判断は難しい。心ならずも」と、傍観している。

須摩子にしろ『復活』にしろ、帝国にとっては歓迎すべき人物でも芝居でもない。だが社会悪と決めつけるべきではないとしているのだ。

何故だろう。

彼らにとって大正の幕開けは憲政擁護運動の騒擾状態だった。その際の地響きを立てた群衆の足音や火を吐くような怒号に比べると、須摩子の舞台に足を運ぶ人々の表情も『カチュウシャ』の歌声も、全く明るく和やかだ。

この光景を前にした時、彼らは接吻芝居『復活』を社会悪として規制することに、躊躇いを感じたのかも知れない。

劇場で歌い街角で口ずさみ、そここで舞台を噂している大衆の、生き生きとした表情や心情、つまり彼らの「めめしさ」が、憲政擁護運動でささくれだった世間に、少しでも和やかで穏やかな風をそよがせてくれるのではないかと、当局者が判断したのではなかろうか。

民謡・小唄などのほかには軍歌・童謡の類いしか知らなかった当時の人々にとって『カチュウシャの歌』は新鮮で洋風、しかも歌い易く覚え易い歌だ。接吻芝居や須摩子の不倫などには関係なく、ただただ楽しく面白く「せめて淡雪解けぬ間に」と歌っている者も多かったに違いない。

だが歌っているうちに、おそらくは二度と生きては戻れぬ道を、更に奥深く送られてゆくカチュウシャの憐れな気持ちを思いやり、それが自分自身の儚い「生の欲望」と重なり合って、どうか私にも幸せな明日が来るようにと思いを込めて「神に願いを」と歌い、祈り、涙していた者もいたことだろう。

満都の男女熱狂し　雪崩を打て東京座へ
開場を促す声が百雷一時に鳴るが如く……「カチュウシャ可愛いや」の歌のあたり、観衆中の青年男女は思はず合唱する有様　（「読売新聞」大正3年9月20日）

劇場を取り締まる当局者も、口髭を伸ばしサーベルを握りしめ、いかつい顔で厳しい視線を『復活』に注ぎながらも、いつの間にか熱狂した群衆の一人となって、小声ながらも「別れの辛さ」と歌っていたのかもしれない。その際の、弾むようなほの温かい胸の奥底の鼓動が彼らにも「心ならずも」忘れられなかったのではなかろうか。

2　妻逝けば……

こうした状況の中、我が国は大正3年8月、イギリスなど連合国の一員として第一次世界大戦に参加、ドイツ艦隊の根拠地だった青島などで戦い、捕虜とした多数のドイツ軍人を日本に移送する。

その第一陣が品川駅に降り立つと、駅前広場は出迎える群衆に溢れ、姿を見せた将兵一人一人に花束が手渡されるほどの、親密さ溢れる歓迎ぶりだった。

ドイツは軍事、教育、医学、産業などで我が国の近代化に尽力し、国民もかねてから敬愛している国だった。

そのため、捕虜である彼らも、まるで遠来の友のように温かな雰囲気で迎えられたのだ。彼らは電車7台に分乗し、品川から浅草の収容所まで行くのだが、その際も憫笑され蔑まれる光景などはなかった。

浅草までの沿道は何れも見物の山……尾張町の如きは電車の運転も止まるまでに人は折

り重なった……例の「ワーイ」を浴びせると、独兵諸氏はニコニコして車窓から隠し持っていた生花を打ち振って……（「読売新聞」大正３年11月23日）

収容所で彼らを迎えた軍の責任者も、感激と興奮と緊張で胸をときめかせながら挨拶している。

勇敢なりし諸君を迎ふるを光栄とする。（「東京日日新聞」大正３年11月23日）

ドイツ軍捕虜はその後、各地に分散し収容される。

彼らの最高司令官ワルデックら首脳陣と約８００名の将兵は福岡市を中心に、周辺地区での収容所生活が決まる。

だが、ワルデックらが福岡に落ち着くまでには一悶着があった。

ワルデックの収容先は当時の福岡市で一番豪華な建物だった日赤。しかも皇族用の貴賓室が居室。専用のコックも付き、毎日の生活はそれほど窮屈ではない。幹部らは個室に居住して妻を呼び寄せることができる。

兵士の食費は日本軍兵士より以上の額であり、彼らの寝具は新品の毛布。引率者付きで週

2・3回の外出やショッピングが可能。将兵には毎月、それぞれに相当の給与を支払う。

こうした処遇に「なぜ、これほど捕虜を厚遇するのか」と、福岡連隊の将校たちの中から憤懣が沸き起こったのだ。

十年一昔とはいえ、日露戦争で激しい銃火に向って突撃した歴戦の勇士たちも未だ健在だ。生死の境を懸命に乗り越えて来た彼らにすれば、戦場で血潮を流した自分たちに比べ、敵国捕虜があまりにも優遇されている。

自分たちの苦労は何のためだったのかと、口惜しくて腹立たしかったに違いない。


オメオメ敵軍に降を乞ひ名誉の俘虜などといふ珍奇な称呼の下に尚豪語するものあるが如きに至っては真実日本の武士道より之を観れば沙汰の限りと言ふべし。

（「福岡日日新聞」大正3年11月21日）


こうした、拳を振りかざした怒りの投書が連日、地元紙を賑わせている。

だが結局「日本武士道の精華は敵に寛大、殊に弱者に同情心の深甚なるところにあり」などの投書に諭され、ドイツ軍捕虜たちは当局の計画通りの収容所生活を始めることになる。

彼らも祖国にとりては忠勇の士なり……彼らにも同情すべきなり彼らは捕われの身となって異国に来れる実に弱きものなり。弱者に熱き涙を注ぐは我が国民の美点、武士道の精髄もまた此處にあり。（「福岡日日新聞」大正３年11月15日）

こうしたある日、歯科医院の新聞を手にとって、掲載されている写真を懐かしそうに見詰め「カチュウシャだ」と呟いた、かなり大柄で異様な男がいた。

捕虜になったドイツ軍将兵の最高指揮官ワルデックだった。

彼は虫歯治療に来て、思いがけず須磨子の写真を見て驚いたのだ。

付き添いの者が、福岡で公演を始めた『復活』のことを話すと「本は読んだが舞台は未だだ。外出できれば見たいのだが」（「福岡日日新聞」大正４年１月30日）と無念そうだったという。

ところで福岡での『復活』上演でも、教育関係者らは眉を顰め、当局者はこう述べている。

積極的の害はないとしても之を見せて決して益になる、為になると思ふ点は少しもないと信じる……若き男女学生等には見せたくない。（「福岡日日新聞」大正４年２月１日）

だが「心ならずも手の届かんために」と黙認した中央の意向そのままに、地元の警察も上演禁止の規制はしていない。

須摩子の『復活』は福岡公演でも大入りを記録し、更に九州巡業を続ける。

そしてほぼ同時期、一人の外国婦人が華々しく福岡に姿を現し、市民の目を奪った。「身長5尺1、2寸位の色白の美人。赤皮のカバンを下げ、目荒い霜降りの服に白い羽毛で飾ったボンネットを戴き楚々たる雰囲気」のドイツ人女性だ。

5尺1、2寸の身長は1・5メートル強。当時、17歳の日本女性の平均身長141・9センチという記録から推測すれば長身。

ぼやけた新聞写真で見る限り、冬仕度で少しふっくらとした体型。肌は白く服装はカラフル。この地方に住む人々にすれば、全く見かけない豪華さだ
彼女はドイツ海軍大臣の娘イルマ（28歳）。福岡で収容されている夫、海軍大尉で男爵のザルデルンに会うため、可愛い男児を連れて来たのだ。（「福岡日日新聞」大正4年1月8日）。

彼女を間近かにして、その華やかさに視線を奪われ、うっとりとなった人は多かったに違いあるまい。

その後暫くして、イルマは収容所近くに民家を借り受けて暮し始める。

週一回の面会が許され、幼児を連れていそいそと愛する夫のもとに通うことになったのだ。

今にも微笑みが零《こぼ》れ落ちそうな彼女の表情、愛情満ち溢れる姿。たちまち地元の人たちの

評判になったであろう。

幸せそうな母子の姿を目にした人たちはきっと、家族が一つになって愛情を大切に生きている様子が羨ましく、眩しくてならなかったのではなかろうか。

だが彼女の幸せも、カチュウシャさながらに淡雪であった。

夫との再会の喜びがそれほど長くは続かなかったのだ。

やがて、彼女は国際問題にもなりかねないと騒がれたほどの、悲惨な事件に巻き込まれてしまうのだ。

大正6年2月。誰もが予想しなかった事件だった。

イルマは午前1時頃、忍び込んできた強盗に殺されてしまった。首には電灯線が巻き付けられていた。

彼女が海軍大臣の娘であるだけに衝撃は大きかった。

地元の関係者はもとより日本政府も驚愕した。

直ぐに一切の報道を禁止すると共に「国際問題にしてはならない」と、犯人検挙に全力を注いだ。

夫ザルデルンの衝撃は激しかった。

思いもよらぬ妻イルマの死に、泣き崩れている彼の身を案じて、ワルデック総督は自分が居住する日赤の一室に彼を移していた。

だが、事件は思いもよらぬ劇的な展開をする。

イルマの葬儀から2日目、ザルデルンが妻の後を追って自殺したのだ。

時間は午前1時ころ。日は違っていても、死亡時刻や電灯線を首に巻いての縊死という形は妻と同じだった。

多分、妻と同じ苦しみを味わいながら死にたかったのだ。

「浪さんが死んだら、僕も生きて居らんよ」の『不如帰』どころか、それを地で行く現実の熾烈な出来事だ。

妻の死を悲しみ、夫が後追い自殺するなど我国では例があるまい。

もしも新聞報道が自由であったら事件は忽ち全国に伝えられ、その詳細は連日の紙面を埋め尽くし、世間は涙を抑えながら何度も何度も読み返したことだろう。

新聞が解禁されたのは犯人の逮捕後。事件の発生から約2カ月経っていた。

俘虜男爵大尉夫人兇刃に斃れ

良人大尉　悲痛の極自殺す　（「福岡日日新聞」大正6年4月10日）

義父の海軍大臣に宛てたザルデルンの遺書も公開される。

「妻とは結婚当初固い約束を結んでいた」という遺書を、彼はこう結んでいた。

我が身死すれば妻も死し、妻逝けば我が身も逝く
自分と妻の死体は共に願はくば同じ穴に葬って下さい

この願いは実現する。

しかも、それを積極的に推進したのはかつて、彼ら捕虜たちの収容計画に異議を唱えた軍人たちだった。

「雄々しさ」を誇りとする彼らにも、ザルデルンの死に様が痛ましくてならなかったに違いない。

命を悼む人情に東西の違いはない、そんな時代だった。

彼はイルマと同じ窯で火葬にされた。

ところが翌7年の11月5日、第一次世界大戦の終了直前、島村抱月が病死。

その2ヶ月後、須磨子は亡き抱月に追い縋《すが》るように自殺する。

彼女も遺書に「抱月と同葬して欲しい」と書き綴っていた。

だが、彼女の人生最後の願いは叶わなかった。

良妻賢母の生き方を否定しながらも、常に男の背を見ながら暮らさなくてはならなかった須摩子。女の常識を拒み、毀誉褒貶が渦巻く世間を懸命に生き続けた彼女への、男尊社会の「雄々しい」風は冷たかった。


どうも近頃の人は……恋愛だとか、夫婦が手を携へて散歩するとか言ふことを無上のよい事に考へ……家庭の円満も愛情も結構には相違ありませんが国家社会を忘れてまでこれに没頭しては日本の前途がどうなりませう。（吉岡弥生「青年」大正3年3月号）

3　喝采なり止まず

須摩子が自殺した年の末。俘虜たち帰国の日が決定。

福岡に隣接する久留米市の収容所では俘虜たちが自前の演芸会を企画する。これまで何かと交流を温めてきた地元民への感謝と、捕虜生活の名残にと考えたのだ。市当局も協力し、数日前から宣伝に努めるほどの力の入れようだった。

会場は久留米市内の劇場。当日の開場は午後4時。市民の関心は高く、正午ころから早くも観衆が詰め掛け、開幕の時には既に満員札止めだった。

入場料で乏しい帰国旅費を補い、待ち兼ねている故郷の家族への土産も買いたいという彼らの気持ちが同情を誘い、一段と人気を高めたのであろう。

演芸会はバイオリンの合奏に始まりコミカルな寸劇、合唱、ダンス、逆立ち、ボクシングなど彼らの精一杯の演技が續き、最後は『トーニー』と題する三幕の歴史劇だった。

軽妙な仕草で笑いを誘う軽演芸やダンス、合唱などと違って重厚な歴史ドラマ。しかも科白は全部ドイツ語。演技は素人。

だが観客は地元の一般人たち。多分、ドイツ語のドの字も知らない人たちばかりだ。

そんな彼らがドラマの内容を理解し、我を忘れ興味深く舞台に見入ったとはとうてい考えられない。

それに農地に囲まれた鄙びた都市の芝居小屋だ。暖房は火鉢ていど。大入り満員の人いきれも、大晦日が近い厳しい夜の底冷えには太刀打ち出来まい。

最初の物珍しさが過ぎた後、募る寒さに包まれながら彼らは一体どんな思いで舞台を見ていたのだろう。

戦勝国民として誇らしげに、彼らの芸を見下して優越感に耽った者もいただろう。

寒さ凌ぎに持ちこんだ酒に酔い、浮かれ気分で手拍子を打ちながら、舞台の捕虜たちに勝手気侭な声援を送っていた者もいたことだろう。

そしてまた、訳の分からぬ科白《せりふ》ながらも懸命に演じている彼らの切々とした姿を見ているうち、荒れ果てた敗戦の故国に一日でも早く帰りたいと願っている彼らが痛ましく、可哀相にと目を潤ませた者もいたであろう。

もしもこの大戦が逆な結果になっていたら、自分たちの親子兄弟や友人知人が、彼らのようになっていたはずだ。彼と我、幸と不幸との差は紙一枚だと思うと、懸命に素人芸を見せている捕虜たちが一段と不憫になり「さぞや辛かろう。どうか無事で帰っておくれ」と、涙ながらに送る拍手も多かったに違いあるまい。

男女老幼一千余名の観客は言葉が通ぜぬため何が何やらさっぱり分からず……小首傾げつつも喝采鳴りも止まず。(「福岡日日新聞」大正8年12月21日)

こうした挿話を全国各地に残して、捕虜たちは待望の帰国の日を迎えた。

人種的な偏見や、敗者としての深刻な侮蔑を味合うことなく無事に日本を離れる事が出来たのは彼らにとって、何よりもの幸せだったであろう。

思い遣りに溢れる「めめしさ」ぶりを、具体的に発揮できた日本人もまた幸せだった。

ただ、喝采鳴りも止まなかった幸せはその後次第に遠のき、無情にも二度と戻っては来なかった。

あの日「小首傾げつつ」ドイツ兵捕虜に惜しみない拍手をした人情も、やがては後に述べるように「お可哀そうに」の話題を生むことになってしまうのだ。

既にそのことを予測しているかのような新聞社説がある。第一次大戦の勃発時のものだ。「雄々しさ」専横の時代になることを案じ「日本人よ、傲慢になるな。思い遣りを大事にしろ」と訴えている。

ドイツは云うまでもなくその軍国主義のため戦いつつある……世界を征服すべく選ばれた国であるとの思想でこのたびの戦いをおこし……敵に憎まれ各国に嫌がられてゐるのである。日本は如何……東洋における日本はやがて西洋におけるドイツの如くならぬとは限らない。それは日本のため祝すべき事であるか……遠きを慮る人はいまから之を考へておくべきである。必ずしも遠き後とは申さない。差し迫った問題である。

（社説「都新聞」大正4年6月28日）

第3章　大和魂と澤庵《たくあん》漬――「偉大な精神力」と「さまざまな差別」

1　居眠り賛歌

大正7年、やがて第一次世界大戦が終る頃、未だ東京郊外だった品川駅近くの碑文谷踏切で列車事故が発生、世間の視線を浴びている。

5月19日のことだ。

午前1時ころ、碑文谷踏切りを渡っていた人力車が会社員を乗せたまま、近づいてきた下り貨車に跳ね飛ばされてしまったのだ。

人力車は踏切の遮断機が下りていなかったため、安心して踏切に入ったための事故だった。

車挽きは無傷で逃げ出したが、人力車はばらばらに壊れ、投げ出された会社員はあたり一面に飛び散った血潮の中で虫の息だった。

詰所にいた踏切番が二人とも居眠りをしていて、遮断機を降ろし忘れていたのだ。

激しい衝撃音で彼らは目覚め直ぐさま詰所を飛び出したが、思いも寄らぬ惨状に仰天し、茫然と立ち竦んでしまった。

急を知った関係者たちも駈けつけ救援活動を始める。

瀕死の会社員は直ぐに病院に搬送されたものの程なく絶命する。

騒然とした復旧作業の中、二人は仲間が声をかけても何も答えることができず、ただわなわなと細かく震えているだけだった。

そしていつの間にか、誰に気付かれることもなく混乱に紛れて姿を消していた。

やがて作業は一段落。事故後の一番列車も無事に通過し関係者たちは撤収を始めた。

ところが、現場は再び騒然となる。

少し離れた線路の脇に二人の帽子が置かれ、周辺に彼らの死体が無残にもばらばらに飛び散っていた。

さきほどの一番列車に飛び込み自殺していたのだ。

あまりにも凄惨で憐れな光景に全員が息を呑んだ。思いもよらぬ結末だった。

過失の申訳に踏切番二人　線路に枕を並べて惨死す　（「都新聞」大正7年5月20日）

二人は共に43歳。当時にあってはいずれも老境に近い。

その一人は19年勤続で二間だけの狭いあばら家で養子との二人暮らし。他の一人は勤続12年。末は僅か3歳の子供6人との8人暮し。共に貧しい家庭環境だ。

彼らはこれまで永い間、愚痴一つこぼすことなく厳しい職場でただ黙々と、人並み以上に働き続けていた。

律儀で気弱な二人の、唯一最大の贅沢な楽しみは家族と一緒の食事と、のんびり風呂に入ることぐらいだったであろう。

そんな彼らが復旧作業の間、どこでどうしていたのかは不明だ。

おそらくは復旧作業の仲間たちが、掛け声出して汗水たらしている姿を物陰から眺めながら、今更一緒に作業をする勇気も、あれこれと仲間に弁明する才覚もなく、さりとて潔く縄目を受ける決心もつかず、現場の片隅にへたへたと座り込み「どうしたものか」と迷いに迷いながら「何でこんな目に」と悲しみ嘆いていたであろう。

だが居眠りしたため、死者まで出してしまった事実はどうしようもない。

もはや二度と妻子に会えぬのか、もっと生きていたかったのにと、後悔と悲しみと未練を引きずったまま、まるでずるずると吸い込まれるかのように、近づいてきた列車の汽笛に身を投じてしまったのではなかろうか。

その死に様を一言で評すれば「めめしさ」そのものだ。

仲間たちにすれば日頃から二人と同様に、厳しい労働と倹《つま》しい暮らしをしていただけに、事故の重荷に耐え切れなかった痛ましさが心の奥まで沁み通り、二人を悼む憐憫の涙はとめどなく彼らの頰を流れ落ちていったに違いあるまい。

だが一方、鉄道当局の対応ぶりは違っていた。

本来なら、まず死亡した被害者の家族への謝罪、事故を発生させてしまった当局の責任、事故の原因究明、自殺の詳細などについて言及すべきなのに、この日の新聞に大きく掲載されたのは鉄道当局の最高幹部である管理局長の次の発言だった。


咄嗟の間に自己の責任を自覚して死に就くといふ精神には深く敬意を払つてゐる。腹を切って社会に申し訳をする我が大和魂の発露として称揚せねばならぬ……予の現在の立場は叱言を言ってその裏で熱い涙を絞ってゐるといふ非常に苦しい地位にある。

（「東京朝日新聞」大正7年5月20日）

彼らは重大な事故を起こした責任を償うため自殺した。見事な責任の取り方だ。「大和魂の発露」と言うべきだ。そんな二人の気持ちを思うと胸が一杯になる。本来なら二人の罪を糾弾しなくてはならないのだが、彼らの気持ちを思うと「余は苦しい立場だ」と、異常なほど力を込めて熱っぽく語っている。

彼が自分の立場を、どこまで本当に「苦しい」と思っていたかは分からないが、彼の「大和魂の発露」という言葉が、二人の自殺を見詰める世間の目を、感動一色に塗りたててしまったことに間違いあるまい。

当時の大和魂は国民の誰もが尊敬する、日本人の精神的なシンボルであり異議を唱えることなど、どんな人もできない意識の聖域でもあった。

自殺を「大和魂の発露」と賛美された二人は最早、事故を起こした単なる加害者ではない。「雄々しさ」の限りを尽くした壮絶な殉難者なのだ。

「大和魂の発露」という冠を付けてしまった以上、二人を加害者として裁くことも、事故の原因を究明することさえできなかった。

新聞各紙は筆を揃えて、誠実だった二人の自殺を涙ぐましく伝え、遺家族の悲哀や貧しさを憐れみ悼む記事を競い合って記事にして世間の同情を誘い、全国各地からは数多くの弔慰金も届けられている。

だが、こうした記事とはまったく違って大和魂に囚われず、二人が居眠りした原因を追求した新聞もあった。

当番の勤務時間は……24時間不眠不休の労働である……恐らく労役の甚だ過ぎたるものではあるまいか。居眠ってゐたとしてもその裏には多きに過ぎた労働の疲労があったのは否まれない事実である。（「都新聞」大正7年5月20日）

この記事の筆者は当時、事件の現場で取材に当っていた長谷川伸だ。

彼はその過程で知り得た踏切業務の実態を、凡そ次のように書いている。

当局は現場の勤務を不眠不休で24時間と決めている。

確かに昼間は列車の通過が激しく、規則通り懸命に働き続けなくてはならない。

だが深夜になると通過列車が少なく、詰め所で待機する時間が長い。しかも昼間の疲れがどっと出る。そこで深夜になると、どこの踏切番も次の列車が来るまで、遮断機を上げたまま詰所で仮眠している。そうしなければ身体が持たない。それが実際の勤務状況だ。

当局もこれらのことを黙認している。不眠不休の24時間勤務の規定が、現場の人に過労を強いている事実を知っているからだ。ところが、その職務規定を是正することもなく放置している。

こうした「多きに過ぎた労働の疲労」が今回の事故を招いている。二人は自殺を追い込まれてしまったのだ。

労務管理と踏切事故そして自殺。当局はその因果関係をはっきりとさせるべきだ。

当局も今回の事故に対する責任を明らかにすべきだと、鋭く追及しているのだ。

廿四時間制度は実は完全に行はれて居ない。責任者は之を何と見るか……鉄道の事故は多く夜間に起こる。従業員を酷使し、従業員が夜間に至って睡魔に襲われ職務を放棄する為たることが多い。而して当局者は廿四時間制度を固守し、酷使の事実を否認して居る。其の頑迷に驚く外はない。（「都新聞」大正7年5月25日）

「大和魂の発露」が果たして、鉄道当局の責任をないまぜにするための発言であったかどうかは不明だ。

だが、ロシア革命の影響で我が国の労働情勢が微妙な雰囲気に包まれつつあった時だ。

当局の弁明や酷使への謝罪が口火となって、これまでの積み重なった従業員の憤懣を煽り立て、現場を混乱させる可能性も否定できない。

そこで、そうならないために、当局が自殺の賛美に力を注いだとしても可笑しくはない。彼らとしては人々の頬から流れ落ちている感涙が、憤激の涙に変わらぬうちに、少しでも早く事件の幕を引きたかったのかも知れない。

彼らに肝要だったのは二人の死を憐れみ悼むことよりも、事故を責任追及の場にしないため、自殺した踏切番を粛々と、凛々しく壮烈な「雄々しさ」のイメージに包み込むことだったのではなかろうか。

とすれば、踏切番の実際の気持ちなど、当局者にはどうでも良かったはずだ。

そのため、当局者が思い入れもたっぷりに口にした「大和魂の発露」が、とても効果的な幕切れの台詞になったことに間違いないであろう。

彼らは弔いにも力を入れている。

友人や近隣の人たちはもちろんだが、警察署長や鉄道当局の高官までも、二人それぞれの葬儀に姿を見せ、末端の現場従業員である二人の霊前に手を合わせ、数百人の人々が棺を見送るほどの盛大さだった。

霊柩の前に額ずいて合掌した妻は堰《せ》くる涙に顔も上げ得ず咽《むせ》ぶ様哀れに人々の袖や袂を濡らした。（「都新聞」大正7年5月22日）

夫々の妻たちは「大和魂の発露」に、心から感動して咽び泣いていたのだろうか。

ともかく、踏切事故の騒動は鉄道当局の思惑通りに終了する。

家族揃って食事をし、風呂でのんびり疲れを癒し、明日もまた頑張ろうとの、ささやかな、それでも二人にとっては最大の願望はあまりにも儚く潰えてしまった。

だが、当局者は葬儀が無事に終わって、やれやれと胸を撫で下ろしたのではなかろうか。

かつての常陸丸事件で、軍は「将校全員が割腹自殺」を大和魂の発露として全国民の戦時意識を高め、作戦ミスへの批判も抹消したかったであろう。だが、彼らが自殺していなかったため軍の意図は挫折した。

今回の事件では二人が自殺している。

もし、そうでなかったとすればおそらくは裁判沙汰になり、二人の責任が糾弾されると同時に、現場労働者が酷使されている実状も明らかになり、当局の管理責任も裁かれたに違いあるまい。

そう考えると、二人の自殺は当局にとって願ってもないことだったのだ。

それにまた、この悲惨な自殺を「文句を言うな。二人を見習え。命懸けで働け」と、従業員たちを叱咤激励する何よりもの厳しい鞭にすることもできたのだ。

二人の自殺は文字通りの滅私奉公であり、そのおかげで、何もかも順調に終わったのだ。目出度いことだ。彼らの居眠りには感謝しなくてはなるまいと、胸の奥で拍手しながら微笑んで、次のように呟いた当局者がいたとしても不思議ではあるまい。

そして、その言葉をこれから十数年後、我々は再びもっと非情な状況で聞くことになるのである。

「良くも自殺をしてくれた」

2 古事記・憲法・亡国論

大正3年、連合国の一員として第一次世界大戦に参加。それ以来、我が国の産業界は活発化し大正7年、ソ連の十月革命などもあって翌年の末、大戦は終わるのだが、日露戦後から尾を引いていた戦後不況から抜け出し、世間の景気も華やいできた。

だが、それは物価高を齎すことであり、特に米価は高騰し大正7年は5年の3倍にも跳ね上がっている。

高い日本米は　おいらにゃ　食えねえ
おいらそんなもの食わずとも
どんなへんなもの　食わされたとしても
生きていられりゃ　それでよい　（「豆粕ソング」添田唖蝉坊）

労働者の賃金増加も、帳消しになってしまう物価高で、庶民の生活苦は相変わらずだった。政府は外米輸入などで苦境を乗り越えようとしたが、遂に発生した米騒動は全国を巻き込んでしまう。更には労働運動も活発化し、デモクラシー思想が広がり始める。

社会不安を憂慮する当局は警察官を増員するのだが、社会の秩序維持を使命とする警官たちですら、時代の流れに逆らうことは困難だった。

仕事は危険でも、他の公職者に比べ彼らの待遇は全国的に悪かったからだ。

山梨県韮崎署巡査40余名は早川署長の許に、口頭を以て増俸要求をなし、容れざる場合は連袂辞職すべしとの意を仄めかしたりという。（「山梨日日新聞」大正８年10月23日）

本郷本富士署。待遇不満で毎朝の署長訓示に喧騒、訓示を耳に入れざる事あり。

（「国民新聞」大正8年11月15日）

こうした抗議運動には参加しないものの、それでもやはり、粗食と過労の生活が不満でならぬ巡査は多かったであろう。

私は他の諸君のように運動が出来ないのを悲しみます。私の署の警部は私に向って「君らが同盟罷業をしても怖くない。お前らの代りには軍隊があるからな」こんな暴言を吐いています。私たちは何時まで圧迫を受けているのでせうか。

（投書「都新聞」大正8年12月24日）

数日後、この巡査を宥め励ます投書が掲載される。所帯持ちで30歳の海軍下士官からのものだ。

彼は巡査の投書を「同情の涙をもって」読み、我慢をしろと諭している。

巡査君……私達は何物も望んではならない……献身的に猛勇的に自己の任務を尽すと云ふ他に、望みを抱くのは罪人である……諦めといふ一字の中に……泣くに泣かれぬ生活のレールを辿らねばならぬ人達のある事をも忘れてはならぬ。

（「都新聞」大正８年12月28日）

おそらく彼自身も投書者のような悩みを体験し、泣くに泣かれぬ生活を辛抱しながら、働き続けているのであろう。

彼は「任務を尽くせ。家族の事も考えるな。諦めろ」と書きながら、本当は自分自身に「滅私奉公だ。諦めろ」と言い聞かせていたのかもしれない。

だが、大阪難波署で派出所勤務の巡査たちは諦められなかった。

彼らのうち29名はひと月以上も欠勤を続けていた。

やっと出勤しても居眠りばかりしている。

欠勤や居眠りの原因は彼らが、生活費を稼ぐため仲仕や荷車引きをしていたための疲労だった。

このことについて、彼らの発言はこうだ。

わら屑を集め大八車に積んで業者に売ると１荷で俸給の倍になるので「クビになったらこの仕事を職業にする」（「大阪毎日新聞」大正９年３月31日）

当局からすれば、これらは何れも警察の不祥事だ。だが覆い隠すことなく新聞が記事にしている。待遇の悪さに腹を据えかねた警官たちは多分、何ら臆することなく職場放棄をしていたであろう。

例えばこの年の福岡県で、お巡りさんのトップに当る警部補の月収は本給に全手当を含めて月額55円。巡査は46円。これに対して公立学校で最も低い、高等女学校の職員でも95円だった。

ただ、当局はしばしば給与規定を改定している。そこに彼らの職場闘争が率直には反映されていないにしても、彼らの生活も最低限度は保障されていたであろう。

ところが、一般社会では最低限度の生活保障など、望みがたかったであろう。しかも、この9年3月は株式相場が暴落し、戦後恐慌が始まり、5月には我が国初のメーデーが実施されるなど、ますます生きづらい世の中になっている。

人は皆疲れてゐる……休息がまず必要だ。働くために生きず、生きるために働くといふ平凡な真理が疲れた国民を癒す唯一の道である。

（社説「大阪毎日新聞」大正9年5月2日）

ある雑誌の「美容相談」欄に投書したこの女性も、働くために否応なしに生きている人物の一人だった。

その内容は深刻で、単なる美容の相談ではない。

私事職業の性質上、労働時間長く睡眠不足致し、食物も粗末にて栄養価少なく日光に浴する事も少ないため皮膚の色艶が悪くなり……止むを得ないためかうした生活を続けて居て前のやうな弊害から脱れる方法はありませんか。（「女学世界」大正９年２月号）

彼女はおそらく、結核ではないかと怯え慄いていたのであろう。

文面から推測して、彼女の職業は製糸工か、或いは体を張っての水商売かもしれない。

いずれにしても、不十分な食生活の中での過労を強いられているのだ。

今のまま懸命に働き続けることは日一日と、結核に限りなく近づいてゆくことだ。だが、事情があって現状から抜け出せない。「前のような弊害」とは日々、顔色が悪くなっていることだ。

「過労と粗食」が、何とかならないものだろうか。現在の儘で、健康状態が保てるだろうかと不安を吐き出し「何とかならないだろうか」と訴え、少しでも力づけて欲しいという願いを込めての身の上相談なのだ。
それに対する回答は次の一言で始まっていた。

ほとんど不可能のこと。

おそらく、彼女にショックを与えたことであろう。
だが彼女の現状から判断する限り、生活環境を変えることなど「ほとんど不可能」は事実だ。
ただ、それに続けて担当者は更に、次のような言葉を添えて回答を結んでいる。

けれども……偉大な精神力は何物をも超越する事が出来るのではないかと云ふことを……よく考へて下さることを希望します。

状況の改善は望めない。ほとんど不可能だ。だが、くよくよしては駄目だ。偉大な精神力があれば、どんな辛い生活も克服できるのではないかと説いている。
講和条約反対の日比谷焼打事件、憲政擁護運動、そして米騒動と社会を揺り動かす民衆の力が次第次第に、強くなっているのに、当局にはそれを宥め、説得し、納得させるだけの具体的な方策がなかった。

この相談の担当者にしても「偉大な精神力」と言うことしかできなかった。

彼自身、大和魂の発露を強調することで、自分自身をも勇気づけていたのかも知れない。

平生悪衣粗食に身を慣らして置かねば駄目である……貧乏人は毎日朝から晩まで忙しく働いてゐるから、病気のことなど考へる暇がない。精神が引き立ってゐる故、少々の不養生をしても息災である。（田中祐吉「日本及日本人・大正8年8月15日号」）

こうした状況の中で世に出たのが『澤庵漬亡国論』（「中央公論」大正9年8月号）だ。著者の森本厚吉は当時、北海道大学の経済学部教授だった。

彼は「健全な精神は強健な肉体に宿る。まず、栄養不良の食生活を改善すべきだ」と、澤庵漬けを亡国論の俎上に載せている。

彼はもともと、多くの人が貧しさに耐えてようやく露命をつないでいる現状を慨嘆し「人は単に生存するだけでなく能率高い文化生活をすべきだ。それは天が与えた生活権だ」と主張し、親友の有島武郎が計画した、北海道の農地解放の具体案の作成に協力するなど、政府の社会政策を躊躇なく批判する行動的な学者だった。

「茶漬に香の物」とはよくも我国文化の弱点を表はして居る。現在のような粗末で不合理な国民日常の食物を、改良しないで其儘に放棄して置く時には国は亡ぶるのみである。

本文冒頭のこの言葉も、国民の食生活をもっと大事にしなくては国が滅びる。大切なのは「心よりモノだ」という、森本の強い決意の表れと言えるであろう。

彼が強調する「粗末で不合理な日常の食物」とは一般国民が、日常の食事で副食物の主役としている澤庵漬だ。

つまり「茶漬に香の物」という伝統的な食事を批判し、もっと肉食をしよう。当局はその対策を立てるべきだ、と訴えているのだ。

当時、庶民の食生活は量的にも質的にも貧弱だった。

一日平均の肉類摂取量は昭和初期であっても給与生活者で8グラム、農業従事者は僅か4グラムでしかない。

その代わり澤庵の消費量は非常に多く、彼の調査では一家族で一日約1本。それも生活水準が低い家族ほど、その消費量は多くなっている。

しかも、貧しい食生活のしわ寄せは結局、女性の上に圧し掛かってくるのが当時の社会的常識だった。

我が日本婦人は旦那様においしいものを上げ、自分は澤庵の尻尾をかじってゐるではありませんか……かかる風を放置したならば日本婦人はいつまでも栄養不良で虚弱な身体をしてゐなければなりません。（投書「読売新聞」大正6年10月23日）

ところが、当局は澤庵漬を主役にした食生活に何の不安も疑念も持っていない。ましてて現在の食生活の改善を論議する気持ちも、それを実施する経済的な余裕も全くなかった。

世間には生活難に苦しむ人々を「愚痴を言うな。我慢しろ。雄々しく生きろ」と叱咤激励し「偉大な精神力」を強調する声ばかりが響き渡っていた。

欠乏といふことを恐れてはならぬ。欠乏に満足すると云ふことは身体をやしなふ上においても、国民性を養ふ上においても最も必要なことである。

（「食物の栄養」大正9年1月号）

森本の亡国論はこうした風潮への批判ともなっている。
肝心なのは健康だ。それを維持する食生活だ。健康であってこそ精神も健全になる。精神力を力説する前に、まず、栄養のあるものを食べよう。彼はそう訴えたいのだ。

健全なる精神は強健なる肉体に宿るのが常である……先ず肉体の保全を第一につとめ文化の土台を胃の腑に置く必要を認める必要な栄養を誰もが摂取すべきだ。澤庵ではなく肉中心の食生活に改善しよう。

充分な栄養を摂れない虚弱な子供たちに、体力増進のため運動を奨励するのも間違いだ。「体育の根本は食物だ」とも述べている。

小中学教育に於いて唯体操とかの運動に重きを置いて、日常の食物の如何を余りに顧みないのは実に、国家を危くするの誤謬である……先ず科学が必要としているだけの栄養分を含んだ食物を摂らねばならぬ。

ただ、森本も澤庵漬のすべてを否定しているのではない。

日本人は伝統的に澤庵漬を好み、しかも安価な保存食品でもあり食生活の必需品になっている。食欲もそそられる。それだけに、他の副食物とは比較にならないほど多量のものを摂取していることなどは認めている。

だが栄養価は低く消化も悪く健康的でない。澤庵をおかずに、どれほど多量の食事をしても栄養不良は解消しない。

栄養に乏しい澤庵漬を食卓の主役にすべきではない。

だが、当局は国民の栄養不良を放置し「頑張れ。頑張れ」と精神力を強調するだけだ。これでは益々、国民は疲れるだけだ。

ギリギリの状態で暮している国民に、もっと思い遣りを持て。「心よりモノだ」と、彼は『澤庵漬亡国論』を片手に、机を叩きながら為政者に迫り、従来の食事に甘んじていてはだめだと、国民にも奮起を促している。

ただ、彼がどれほど力説しようと、一日平均僅か数グラムの肉食しかできないのが普通人の食生活だった。

たとえ「危険極まる事」であろうと、澤庵を主な副食物とし栄養不足にならざるを得ないのが一般的な生活レベルだった。

貧しい帝国だった。肉食を普及させるだけの余裕がなかった。一般庶民にとって、肉食は高嶺の花だった。

彼がいくら熱心に食生活の改造を訴えようと、それが素直に受け入れるはずはなかった。「果して澤庵が亡国的食物か否か、確かな根拠がない」（「東京朝日新聞」大正9年8月19日）と疑問視し、学者の妄言と憫笑するなどの批判が多かった。

確かに、亡国論の主張が理論的にも現実的にも何の欠点もなく、生活難が叫ばれていた当時に即した具体論とは言い難い。

とは言え「肉体の保全が第一」、つまり「心よりモノ」という訴えは帝国日本の歴史にとって、掛け替えもなく大切なモノではなかったのだろうか。

「国家の滅亡を引き起こす」とまで断言するほど、覚悟を決めて訴えた彼の亡国論だった。

生活力の基本である食物の改善に留意する事が少なく……澤庵漬の如きを実用して食費の節約を行って居ることは、実に自らを殺し家族を亡ぼし、引いては国家の滅亡を引き起こすに至る基本である。

しかし、もともと「精神のみ尊んで、肉体を罪悪の塊となし、これを卑しむ風がある。そして女は男より粗食すべきものと心得、美徳として奨励する」（宮島幹之助「女学世界」大正5

年9月号）ような、歴史的な精神風土の帝国だった。

そこでは「男子厨房に入らず」が常識となっていた。

台所の仕事は女性の役割だと、食事に関わる事を低く見下して侮蔑している男尊社会だった。

つまり「雄々しさ」と「めめしさ」との平衡を辛うじて保っていた帝国のバランス感覚も、男と女の間では大きく歪み、男性側に偏っていた。

政治に関してもそうだった。

政治は歴史的に男性の聖域だった。それも選挙権があるのは社会的地位や財産のある男性に限定されていた。

当然、女性には何の権利も無く、政治的な演説を聞くことすら禁止されていた。

それを改正し、一定の年齢になったら全員に選挙権を与える普通選挙法が衆議院で審議された際も、ある議員は「女性の選挙権は別だ。女性はまだ後の話だ」と発言している。大正10年2月のことだ。

女子に権利を与へぬから普通選挙でないと言ふ……是は順序の問題であります……日本の国体といふものは男子が先に進んでそれから女になる。是は一国の歴史を書いた古事記をお読みなすったらよく判る話しである。

この妄言に、笑いと拍手を送る議員たちも多かった。

それに気を良くしたのか、彼は更に女性蔑視の思いも露わに、次のような詭弁を振るい「女性選挙権の先送り」論を展開している。

女先ず物を言ふは不祥なりといふことがある。女に先に物を云はせると云ふことは不祥であると云ふことは古事記以来の是は日本の憲法である。

（佐々木安五郎『第四十四議会衆議院速記録』大正10年）

3　朴烈と外骨

姿勢に気をつけ　元気よく体操や遊戯をし　又遠足などして身体をきたへれば　精神もしっかりとしてきます　精神がしっかりとしてくれば　身体も益々健康になるものです。（『尋常小学修身書・巻五』大正11年）

まるで「偉大な精神力は何物をも超越する」という婦人雑誌の主張を、小学生用に書き換えたような文章だ。

では「偉大な精神力」とは何か？

それは国のため心身を投げ出す、滅私奉公の心構えであり、愛国心であり、「お上」に対する忠誠心であろう。

それがあってこその日常生活であり、デモクラシーであり、女性の参政権運動だった。それが国家的な「雄々しい」常識だった。

その常識からすれば男尊女卑は当然であり、他民族に対する差別も、それほど異常なことではなかった。

数多くの投書が、その状況を教えてくれる。

それも在日外国人、とりわけ東洋の人たちからのものが目立つ。

一方的で厳しい差別を怒り嘆き、恨み非難する投書が少なくない。彼らにも誤解、誇張、悪意、或いはフィクションがあったかもしれない。だが、そんな状態にまで彼らを追い詰め苦しめた大きな原因が我々にあることは否定できない。

来日して間もないと思われる一中国人は苦々しい体験をこう投書している。

靖国神社などの神社に、日清日露の戦争で捕獲した武器が展示してあるのを見て不愉快だったのだ。

私は中華国民である。私は日本に来て驚いた。名高き神社には必ず日清戦役の戦利品が並べられており……堂々と軍国主義を称讃している。日本の神社は軍国主義の養成所のようである……嗚呼、禍なる哉。醒めよ日本人。剣を取るものは剣に亡びるのだ。

（「大阪毎日新聞」大正9年10月13日）

すぐさま、これに対して「神社の戦利品には私もあまり感心しませんが」と言いながらも、わが国は有色人種を代表して独り立ちした国だと、差別意識を剥き出しにした男性が反論を加えている。

歴史があれば記念が残るのもまた自然の結果です……相手の降参した品物が並べてあるのは是は国民の興奮剤です。日本は有色人種を代表して独り立ちの国民です……貴国はお酒に酔ってぶっ倒れた大男みたい。

「敗戦国の国民が何を言うか」と高笑いしているかのようだ。

おそらくは熱っぽく帝国を愛していたであろう彼には「剣を取るものは剣に亡びる」という中国人の言葉が、口惜し紛れの「めめしい」愚痴にしか思えなかったであろう。

だが、投書した中国人の気持ちを理解できた日本人もいた。

その一人、神戸の女性は「戦利品は国民の興奮剤といった弁明は悲しい。立派な国民の声ではない。良心に従ふことが必要だ」と、高笑いをしている反論の投書者を批判し、京都市民は「醒めよ日本人」と投書した中国人にこう謝っている。


過去の戦争は悲しむべき事であり、決して永久に誇るべきことではない……日本の神社で日清戦争の分捕品を見られて不快を感じられるのは尤もである。我々は中華民国の諸君に対して慙愧《ざんき》に耐へない。（「大阪毎日新聞」大正9年10月17日）

個人的にはこうした日本人も確かにいた。だが、彼らにとって我が国は決して住み易い国ではなかった。差別と侮蔑の国であったことは事実だ。

日露戦争後、我が国に併合された朝鮮から職を求めて来日した朝鮮人への態度は特にそうだった。

彼らを訳もなく劣等視し、力ずくで自由気ままに利用していた日本人も、決して少なくはなかった。

芝公園のそばでのことだ。鮮人の人夫が少しばかり休んだとて土方が一人飛んできて、やにはに殴り倒した。そして踏んだ。蹴った。鮮人は詫びるだけである。こんな事実は必ずしも芝公園のみに限るまい。訴へ得ざるあはれな者のうらみは、なんとなるであらふか。（「東京日日新聞」大正12年7月25日）

そうした差別と抑圧に激しく反発して日本に併合されたことを恨み、朝鮮の独立運動を企てる者もいた。

当局が彼らを不逞鮮人と呼び、我が国の規律を犯し秩序を乱すと厳しく警戒し街頭で強引に逮捕、連行する光景も、さほど物珍しいことではなかった。

当局は不逞鮮人や社会主義者を遠慮会釈もなく行き当たりばったりに検束している……何等不穏又は危険の行動を為さずとも、自由勝手にこれを検束することを得といふ法律があらう筈もなければ、事実ありもせぬ。彼らの自由は無理矢理に拘束されてゐる……

憲法の保障も何もあったものじゃない。（投書「東京日日新聞」大正10年9月6日）

一方、これに反論し当局の取り締まりを肯定する者もいた。

この反論者の名は廃姓外骨。氏や姓が差別の原因になるとして廃姓宣言をして程ない頃の宮武外骨だ。

治安妨害などで幾度となく投獄されている、いわば当局の意向に逆らう反政府の「危険人物」だった外骨だが、差別意識だけは当局の意向に寄り添っているようだ。


社会主義者や不逞鮮人は帝国憲法を破壊せんとする者ではないか。捉へて運動を阻止するのは憲法擁護の当然の行為である。乱打されたり監獄に入れられたりするのが、無法とか嫌だとか感じるのであればそんな運動をしないがよい。帝国憲法は何のため出来ていると思ふか。日韓併合の真意は奈邉にありとするのか。それが分からぬやうならば黙って引込んで居れ。（投書「東京日日新聞」大正10年9月7日）

弱者への、おぞましい日本人の意識の根深さがぼんやりと見えてくるようだ。

こうした投書もある。

友人宅から出てきた途端、待ち構えていた警官から強引に署へ同行させられ、取調を受けることになった男の体験談だ。

彼はおそらく日頃の言動から、不逞朝鮮人として当局にマークされていたのであろう。

僕は一定の住所もあれば定職も持っている男だ。それを力づくで一定の住所も定職もないことにして25日の浮浪罪に処するとやってくる。「斯くも無法なことをするとは何事だ。正式裁判を仰ぐ」と言ったら「文句は要らぬ」と、否応なしに留置所へぶち込んだ。国法もこうまで伸縮自在に進歩したら有難涙が落ちる。如何にそれが朝鮮人であらうと。

（「読売新聞」大正11年4月18日）

投書に記されている彼の名は朴烈。彼はやがて、天皇暗殺を謀った大逆罪の容疑で逮捕され、その後数奇な運命を辿ることになる。

帝国は決して何一つの欠点もない、世界のすべての人々に優しい理想郷ではなかった。国内的には女性を卑しみ、国際的には東洋の他民族を蔑視する恥多い帝国だった。ただ、数数の投書が物語っているように、たとえ国家の意向に沿わない憤懣や非難の声にも耳を傾け自らを省み、またその声を無視せずに公表するだけの冷静な社会的判断力が、少なくともこの当時は未だに健在だったことは間違いなく言えることだ。

当局にも、国家的立場から出版物を厳しく取り締まる行為が無謀な規制にならぬように自制する「めめしい」慎重さがあったのだ。

総合雑誌『改造』（大正9年6月号）に掲載された柳宗悦の「朝鮮の友に贈る書」を例にしてみよう。

4　「虫食い」のシグナル

柳は民芸の研究家で、民芸運動の提唱者でもあるのだが、帝国の統治下にあった韓国の民芸品に魅せられ、かねてから朝鮮民族の人々とも友好を深めていた。

ところが大正8年、朝鮮に勃発した俗に三・一事件と呼ばれる激しい民族独立運動を、我国の軍隊は強大な武力を振りかざして強引に弾圧している。

柳はそれがあまりにも非情に思え「武力に訴えてはならない。独立を願う人々の思いを一方的に踏みにじってはならない」と説き、朝鮮の人々にも「力の応酬は止めよう」と自分の心情を熱っぽく訴えたのが「朝鮮の友に贈る書」だ。

この『改造』は創刊して間もない雑誌だった。だが、社会主義的な評論が評判となり発行部数はうなぎ上りに増加、それだけに検閲の視線も厳しく、この年に入ってからも既に幾つかの論文が相次いで掲載禁止になるなど、当局とは常に緊張関係にあった。

まして柳の論文は独立運動を武力鎮圧し、朝鮮人の多くの犠牲者を強いた軍の批判となっている。検閲がいつも以上に厳しくなって当然だ。

この論に峻厳で慎重な視線を注ぎ、鵜の目鷹の目になって「これはダメ」「あれもダメ」と存分にメスを振い、できれば掲載禁止にしたいと思っていた当局者はいたはずだ。

当時、帝国憲法第29条は出版の自由を認めてはいた。


日本臣民ハ法律ノ範囲内ニ於テ言論著作印行集会及結社ノ自由ヲ有ス

だが、それはあくまでも原則であり、国家秩序を維持するため「法律ノ範囲内」という制約が付いていた。

雑誌や書籍に関して言えば、出版法によって許容される限り自由ということだが、それも実際は「安寧秩序の紊乱」「風俗壊乱」などの理由で、出版が厳しく規制されての自由だった。

しかも何が紊乱で何が壊乱なのか、その基準は検閲当局者の判断であり、時代の趨勢に応じて、極言すれば彼らの都合によって出版の自由の範囲は伸縮した。

結局、あってないような表現の自由だった。

そうした自由の中で「朝鮮の友に……」は数多くの伏せ字、欠行、削除で虫食い状態になってようやく活字化されている。

残念ながら「虫食い」になる以前の、削除されていない「朝鮮の友に……」を読むことはできない。

だが検閲で「何が削除されたか」ではなく「何が残されたか」「なぜ残されたか」を考察することは可能だし、そのことを忘れてはなるまい。

削除されなかった部分を通して、彼らが削除しなかった、或いは削除できなかった理由を考察すれば、例えば当時の帝国日本丸が右舷の「雄々しさ」、左舷の「めめしさ」とで、どれほどのバランスを保って航海していたか、その船影を推測できるのではなかろうか。

もともと検閲担当者は「国家の安寧秩序」を価値判断の基準として検閲を行っていた。それが国家に対して果たすべき彼らの義理であった。

「国家秩序を乱す」と彼らが判断すれば、その程度によって本自体の発売を禁止、該当論文の掲載拒否、或いは削除や伏せ字などの「虫食い」状態にして発刊させていた。

である以上「虫食い」でない部分は当然、彼らも納得し国家的に容認された部分となるはずだ。

では「朝鮮の友に……」の「虫食い」でない部分はどうなっているだろう。活字化された幾つかの部分を断片的に、拾い集めてみよう。

私は目撃者ではないとは云へ（25字欠）私の心は痛んでくる（30字欠）私は心ひそかに許しを求め乍ら、こう囁いてゐるのである。（1行欠）真の日本は決して……を欲してはゐないのである。少なくとも未来の日本は人道の擁護者でありたいと希ってゐるのである。

部分的に削除されながらも、こうした文章が残されていることからも、軍の実力行使に対する柳の批判を全面的に否定するほど、偏狭で意固地で「雄々しさ」絶対の国でなかったことは明瞭だ。

殺戮がどうして平和を齎《もたら》し得よう。吾々はいつも自然な人情の声こそ耳を傾けねばならぬ。愛し合ひたいとそれは言ってゐるではないか。

宗悦のいう「殺戮」とは我が軍が武力行使で、独立運動を血腥《ちなまぐさ》く弾圧したことだ。そうした厳しい語句を使った主張が「軍を誹謗し威信を汚す」と怒りを誘い、反発を招く恐れがあることは容易に想像できる。

だが柳はそんなことにたじろがず、己の信念に従って率直に筆を走らせている。そして、たとえ部分的であったとしても、彼が筆先で己の信念を公開できる自由が、未だに存在している帝国でもあったのだ。


（1行半欠）それは国と国とを結びはしない。人と人とを近づけはしない。政治や軍力の平和は利害の平和に過ぎない。さもなくば強制の平和に過ぎない。


これまで幾度となく掲載禁止処分を受けている雑誌「改造」もまた、あたかも戦国の武将が額の向う傷を勇者の証と誇るかのように、傷だらけになった彼の論文を掲載し、柳の思いを世に伝え読者に問い掛けている。

この雑誌の出版を待ち構えていた読者たちは無残なほどの伏せ字や削除で、満身創痍になっている「朝鮮の友に……」に出会った時、たとえ一文字でも解き明かして、彼の思いに一刻も早く辿り近づきたいと、時を忘れて虫食い論文を読み耽り、鮮烈な感動を得たことであろう。

彼の文章の中に、我が国の力強さを誇示するような語句はまったくない。その代わり「殺戮」「涙が滲む」「反省」などの語句が数多い。

武力や政治に信頼を置いてはいけない。かかる力はどの国であらうとも人間の心を温めはしない。一国の名誉を悠久ならしめるものは武力でも政治でもない。その芸術や宗教や哲学のみである。

彼は「朝鮮の友」に申し訳ないと詫びると同時に「正しくあれ。暴力を振るうな。相手の気持ちを考えろ。人道を護れ」と、当局を問い詰めているのだ。

これに対して検閲官らは国家の安寧秩序を乱すか否かを真剣に考え、悩み悩んだ末に「削除はできない。伏せ字にすべきでない」と決断したのだろう。

帝国陸軍の行為を非人道的と責める宗悦の批判を、彼らは部分的であっても納得している。立場は違っても、おそらくは同じ人間として共感できたのだろう。

当局の意向を代弁すべき職責を持ち、出版物の認可や伏せ字や削除で、その生命を左右できる権限を持つ彼らにも、己の判断に行き過ぎや誤りはないか、著作者の立場を思い遣る優しさに欠けてはいないかと、その是非を自らに問い掛ける冷静な理性と思い遣り、つまり「めめしさ」という精神的余裕を持った人が少なくなかったのだ。

因みに、ここ数年間の検閲状況を振り返って見よう。

大正7年は1月に大杉栄らの雑誌「文明評論」が創刊号から連続して発禁処分を受けて廃刊。

8月25日の大阪朝日新聞は「白紅日を貫けり」の文言で発禁処分となり、社長や編集局長らが辞任する騒ぎとなっている。

米騒動で社会秩序が動揺し始めていることを案じ、

　白紅日を貫けりと昔の人が呟いた不吉な兆しが……人々の頭に雷のように閃く。

と書いたのだが、中国の史書で白紅は武器。日は天子。だから、天皇を武器で刺すと言う意味になり「皇室の尊厳を傷つける」として告発され発禁となったのだ。

大正9年1月には雑誌『経済学研究』の論文が、新聞紙法四十二条の朝憲紊乱《ちょうけんびんらん》に該当するとして、執筆者の東大助教授森戸辰夫と大内兵衛を起訴。

3月には神近市子の作品を掲載した雑誌など3冊が発売禁止になっている。

単行本の発禁は大正6年が14種、7年が37種。8年が１１６種と増え、9年は3月まででも例年以上に激増。世間には取締まりが厳し過ぎるという非難の声も起っている。

だが、検閲の責任者は「最近、過激思想の著書が増加した」という事実を指摘した上で、取り締まりは「厳しくはしていない」と、次のように語っている。

取締は従前より網の目を大きくしている位で、言論圧迫の声が起こるから禁止の標準を大目に、臨機の処置を取っている……（「中央新聞」大正9年3月10日）

碑文谷踏切事故での「余の立場は叱言を云ってその裏で熱い涙を絞っている」という鉄道管理局長の発言を、何となく匂わせるような文脈だが、それにしても「従前より網の目を大きくしている」「禁止の標準を大目に、臨機の処置を取っている」とは当局の手の内を、率直過ぎるほどはっきりと語っている。

かつて、須磨子の『復活』を黙認した彼らの「心ならずも手の届かんために」という言葉も、重なり合って聞こえてくるようだ。

だが、それは検閲の強化を取り繕うための発言ではなく彼らの本心であり、社会悪と「めめしさ」との冷静な分別を心がけていたことを意味するのであろう。

彼らに権力を無暗に振りかざすことへの自戒と、著者の真意を正確に把握するための努力と、国家のためこうあらねばならぬという強烈な責任感があったからこそ「朝鮮の友に……」は歪な「虫食い状態」になりながらも活字化されたのだ。

決して今の武力や政治を通してのみ、人間を判じて被下《くださっ》ってはいけない。人間は真に平和や愛情を慕ってゐる。不正なことに関しては明かな反省が吾々の間にある事をも知ってほしい。

著者、出版社、読者、そして検閲官。それぞれの立場は異なっている。だが何れも「政治や武力の不正を恥じ、平和や愛情を慕い」正しく温かい日本人でありたいと、熱い思いを抱いている「めめしい」人々だったのだ。

己を過度に美化することも、過剰に卑下することもない日本人たちの、それぞれの思いが絡まり合って出版に漕ぎつけたのが「朝鮮の友へ……」だったのであろう。

それは見るも無残な「虫食い状態」だ。しかしだからこそ、軍事力という不気味な雲の流れに見えつ隠れつしながらも「人道を守れ」と、凛然として点滅し続けている人間的なシグナルになっているのではなかろうか。

5　神様への修業

かつて軍隊生活を経験した男性からの投書も、人間的なシグナルの一つかも知れない。大正11年、世界各国と歩調を合わせ、我が国も軍縮に着手した時期の投書だ。軍縮は装備だけでなく人員整理でもあり、海軍は士官以下約1万2０００人の整理。陸軍は将校以下約6万人の削減などが決まった。生涯を軍人として生活することしか考えていなかった将校たちの動揺は激しかった。夢にも思っていなかった激震だ。

これまでは自分たちこそが、国家の中央に位置する軍人だと自負し、権威の上に胡坐をかき、一般人を「地方人」と見下してきた彼らが、特権階級から地方人へと転落するのだ。そんな彼らの慌てふためく姿を見聞きするにつれ、投書の主はかつての軍隊生活を苦々しく思い返して、腹立たしくなったに違いない。

「ここは靖国神社。我々は戦死又は病死すれば、ここに神様として祭られる。何といふ光栄だらう」。これは入営後、最初の外出に軍曹殿が言った言葉である。其の時私は、俺もひょっとしたら神様になれるかなと思って思わず身震いした。

入営して初めての、嬉しくて堪らぬ外出の際に聞いた話だっただけに、彼は一段と印象深く記憶しているのだ。

だが彼らの、神様になるための毎日は厳しかった。過酷な訓練に飛び交う上官の怒号とビンタには何の遠慮もなかった。

その辛さ苦しさ情けなさを心で愚痴りながらも、口で表し顔に見せることはできず、歯をかみしめて我慢してようやく軍隊生活を終えた。

だが、帰郷して以前の暮らしに戻ると、強引で不合理で非情な軍隊生活も、男子の義務を果たし得た誇りと喜びとで、これまでは懐かしい思い出となっていた。

ところが軍縮騒ぎだ。

あれほど滅私奉公を叫び質実剛健を誇っていた上官たちの、慌てふためいている無様な姿が情けなく、あんな彼らに「神様になるぞ」と唆され、殴られ罵声を浴びていたのかと思うと腹立たしく、軍隊生活が無性にバカバカしくなったのだ。

不幸にして我々は神様になりそこねた。が、やれやれである。生きてゐて世間なみの扱ひを受けず、死んでから一足飛びに神様になる——おかしな理屈だ。われわれは神様にならなくてもいい。もっと人間らしくなりたい。神様になるといふあの修業を、もっと人間らしくなる修業にあらためてもらひたい。

（投書「東京日日新聞」大正11年9月29日）

この後、時間に恵まれていたら、もしかしたら「神様への修業」から「人間への修業」へと、軍隊生活も変化したかも知れない。

だが、そのための時間は不幸にして燃え尽きてしまった。

この投書からほぼ一年後、関東大震災に襲われたからだ。

「人間への修業」の代わりに不安と混乱に包まれた震災後の社会に颯爽と登場し、世間の視線を奪ったのはモダンボーイ、モダンガール。俗に言うモボ・モガだった。

憫笑をかったモボたちより、モガに対する非難・中傷は激しかった。

洋装、断髪、頬紅、厚化粧にハイヒールといった装いへの反発が、あらぬ噂となって巷を賑わせたのだ。

最近、銀座あたりを妙齢の女性が殆ど腰部以下全部を露出して、ぴょんぴょん歩いて居るのを見ると、完全に危険である。その豊艶なる曲線は明らかに性罪の挑発者である。其の筋は半裸婦を処罰せよ。（投書「報知新聞」大正12年7月6日）

それまでは着物に下駄で楚々と歩くのが女性の外出姿だった。ところが大震災後になると、短パンで惜しげもなく脚を出し断髪でハイヒールを履き、さっさと歩く洋装女性の出現だ。それを見た男性は思いもかけぬ光景に挑発もされたであろうし、そんな自分自身が歯がゆくて「処罰せよ」と投書したのかも知れない。

髪と袂は長かるべし。滔滔と女権拡張を論じたりするほど嫌なものはない。
（加藤武雄「婦人の友」大正13年4月号）

従来の常識では考えられないほど明るく活発に振る舞う彼女たちを、男性たちの多くは自由奔放、我儘、無軌道で風俗を掻き乱すと辛辣冷酷に決めつけ、西洋かぶれのあばずれ女と侮蔑し憎悪し非難した。

その断髪は世界の流れに合致しょうとする人間自然の感情の発露である。その頬紅、厚化粧は「従順」「内助」といった規法から抜け出た婦人が近代社会に訴ふる姿である。それは因習の日本、伝統の日本に生まれねばならぬ反抗力であり、約束である。

（清澤洌『モダンガール』大正15年・金星堂）

このようなモガ擁護があっても、彼女たちを非難の槍玉に上げる世間の風潮は寧ろ激しくなってゆくばかりだった。

だが、そんな風潮に萎えてしまうような彼女たちでもなかった。

かつての「新しい女」のように、自分たちの立場を世間に訴える言葉は持ち合わせていなかったものの、大正デモクラシーの新鮮な空気を存分に吸って育った女たちだ。

国の華である娘は、また美しい国の標準でせう。今日の銀座を歩くにふわしい姿はモダンガールの洋装です……もし私が男なら、語るに足り、ともに生きるに甲斐あるモダンガールを恋します。（長谷川時雨「婦人公論」昭和2年1月号）

もしかしたら、これまで男性社会から着せ付けられていた「夫唱へ婦随ふは我が国古来の美風なり」というお仕着せを脱ぎ捨てたい一念が、モガたちを躍動させていたのかも知れない。

彼女たち夫々の心の奥底にも、元兵士が投書しているように、神様への修業ではなく「もっと人間らしく生きたい。そんな修業をしたい」という思いが流れていたのではなかろうか。

この女性教師の場合はこうだった。

教育熱心な長野県の高等女学校に勤務する美子（30）は学校でも地域でも、貞淑な教育者として日頃から尊敬と憧れの目で見られていた。

美子の周囲には彼女のために「誰か良い男は？」「これ以上遅れたら勿体ない」などと、興味半分であれこれ気で病む人もいたであろう。

ところが彼女に恋人がいることが分かり騒ぎとなる。当時は世間から顰蹙《ひんしゅく》されていた自由恋愛をしていたのだ。

その相手は最下層の労働者と蔑視されていた荷車挽き、伝太郎（29）だった。

社会的立場も生活レベルも天と地ほど違っている。

だが、「労働は神聖なり」と信じ、額に汗して働いている姿が彼女の目に焼き付き、それにたまたま義太夫という共通した趣味が追い風になって、二人の縁を決定づけたのだ。

最初の頃はこっそりと、人目を気遣いながらの忍ぶ恋だったのだが、狭い地域では隠しようもなかった。

いつの間にか、その仲睦ましさは噂となって世間に広がり、非難の声が彼女を取り囲んでしまった。


女教師ともあろう者が何と言う無分別なことを！

相手は賎しい荷馬車挽き、しかも年下ではないか！


学校長や友人らも「常識外れだ」と彼女を説得する。だが、彼と結婚する気持ちは揺るがなかった。

彼女は彼と上京、反対する親たちを説得した。

やはり、了解を得ることは出来なかった。

それでも決心は変わらなかった。

そして遂に学校を辞め上田市の彼の家で結婚式を挙げ、新聞記事になったのだ。

恋の女教員　労働は神聖だと　校長の勧告をよそに　今は上田で楽しい生活
（「都新聞」大正13年3月8日）

記事は二人の今後について「夫婦はこれから洋服屋を開くと云ふ」と伝えているが、それからの暮らしが新聞見出しのように「楽しい生活」になったかどうか。不明だ。

だが、彼女が大切にしたのは社会的地位や、安定した収入を得る生活でもなかった。誠実な彼と一緒に直向きに生きて行くことだった。

男尊社会での辛抱と忍耐を説き、聖職者としての修業を積む教師生活で、自分の人生を磨り潰すのではなく、どんなに貧しくとも彼との愛を育て「もっと人間らしく」生きることだったであろう。

古風な土地柄の人々に敬愛されていたからには彼女は断髪ではない。髪を染めてもいないはずだ。ハイヒールではなく下駄か草履の、典型的な和風の女性教師だったに違いない。

その限りでは絶対にモダン・ガールではない。

だがその言動からすれば、この世の誰よりも具体的に「因習の日本、伝統の日本に生まれねばならぬ反抗力」を示したモダンガールと言うべきではなかろうか。

ともかく、モボ・モガたちは毀誉褒貶、様々なフットライトを浴びながら昭和の花道を進んで行く。

だが、そこで待ち受けていたのは彼らの「人間らしさ」、「めめしさ」への拍手喝采だったであろうか。

或いは例えば次のような、手厳しい罵声だったであろうか。

此等は早晩亡国を表明する人間どもである。一日でも早く退治しなくてはならぬ奴どもである……斯かるものの退治へと進まねばならぬ。（紀平正美「経済評論」昭和2年9月号）

第4章　雉が鳴いた！——昭和不況の「愛と死」

1　大審院の堕落

新時代の幕が開いて間もない昭和5年、我が国はアメリカ発の大恐慌の波に呑み込まれる。輸出の旗頭であった生糸も、アメリカが不況で輸入を制限するなどで価格が崩壊。農家の代表的な副業だった養蚕業は崩壊し株式、綿糸、砂糖などの相場も下落。しかも、昭和5年は空前の大豊作で米価が下落、農民の生活苦は増すばかりだった。

国勢調査によると、失業者は全国で約32万3０００人。職を持つ有職者総数の47・7％が農民となっているから、大恐慌の苦悩も約半分は農民が背負い込んだと、言えるのかも知れない。

だが、この女性が登場したのは大恐慌の怒涛が押し寄せる、寸前のことだ。

彼女は断髪でもなく、唇は荒れ指先はがさつき、世のモダンガールとはかけ離れた、世帯ずれした平凡なおかみさんだ。

それも、普通のおかみさんではない。世間から蔑まれていた妾だった。

だがそれでも、世間の常識に抗って「妾になったのが何故悪い」と、数年に亘って裁判を繰り返したのだ。

彼女は大正末、幼児を抱えて夫と死別した。

当初はささやかな遺産に頼って暮していたが、募るばかりの生活難には太刀打ちできずに行き詰り、妻子持ちの歯科医師に生活の面倒を見てもらうことにした。

子供を育てるため、妾になったのだ。

ところが、それを知った義父が怒り「妾になるなど亡き夫への貞節を破ったこと。人の道に外れた著しい不行跡だ。そんな女に母親の資格はない」と彼女の親権喪失を求めた。

「父又ハ母ガ親権ヲ濫用シ又ハ著シク不行跡ナルトキ」は裁判所が親権喪失を宣告できるという条文を根拠に、自分が親権者として孫を育てると訴えた。

彼女は被告として裁判で、義父と争うことになった。

一審の横浜地裁は義父の主張を認めて親権喪失を申し渡した。

彼女は控訴する。

安逸な暮らしを望んでいるのではない。子供には充分に食べさせ、人間らしく育てたいから妾を選択した。著しい不行跡ではない。

我が子のための妾なのだ。妾になってでも子供を育てようとしている。この母の思いに勝るものはない。自分こそ親権者だと、彼女は何の怯みもなく控訴審でも自分の気持ちを主張した。

彼女との愛情も深く、彼女は自宅を歯科の診療所としている。子供を将来は歯科医師にしたいとも考えていたのだ。

だが昭和３年９月、控訴審の結果は同じだった。

之を容認すべきに非ざることは一般社会通念に照らして明白なるを以て、たとへ控訴人の所為が其の主張の如き事情に基因するものとするも猶著しき行跡と認めざるを得ず。

控訴審も妾になったことを「著しき不行跡」と判断し、敗訴を言い渡した。

現在でも裁判を敬遠する風潮が強い。当時であれば尚更であったろう。

経済的にも精神的にも負担が大きい。しかも裁判所はこれまで二度も「一般社会通念に照らして容認できない」と、敗訴の判決を下している。これ以上、裁判を続けてもまた同じ結果になる可能性が極めて高い。

こうした状況であれば、一般的には訴訟を諦めるのが普通だろう。

だが彼女は諦めなかった。次のような理由で大審院に上告する。

生活難の現在、貧しい女性が子供を育てることは困難だ。だから妾になった。それを著しい不行跡と言うのは「汝食ふ勿れ、生きる勿《なか》れ」と言ふに等しい。母子に餓死を強いることと同じだ。控訴審判決は一に理想に執着して実生活を無視する誹りを免れず。

土壇場まで追い詰められて仕方なく、子供を育てるため唯一無二の道として選んだのが妾なのだ。生活難の現在、非力な女性に何ができるか。妾になる以外に方法がないではないか。それを不行跡と言うのは母子に餓死を強いることと同じだ。

彼女は母親としての人生のすべてを賭けて、最後の法廷で思いのすべてを吐き出した。

その結果、昭和4年2月。訴訟が始まってから約4年後。大審院は次のように判決した。

原判決を破棄し本件を東京控訴院に差し戻す

その判決理由の結びの部分はこうだ。

諸般の事情の如何を審究参酌することなく上告人の生活の安定並に子女の養育上已む得ざるに出でたる趣旨の抗弁を顧慮することなく排斥し去りたるは審理不尽の不法あるを免れず　（「法律新聞」昭和４年３月25日）

控訴院は結果からだけ彼女の行為を判断し結論を出している。なぜ、そんな行為をしたのか、その動機や目的をも考えるべきだ。それなのに、彼女の主張を簡単に排除している。充分に審理を尽くしたとは言えない。

大審院はこのような理由で、審議のやり直しを言い渡したのだ。

日比谷事件の公判での「酌量すべき価値あり。然るべく処決せらるべし」との検事の言葉が、遠くから聞こえて来るような気がする。

もちろん、この段階で彼女の勝訴が確定したわけではない。だが、彼女の上告理由を大審院が認めたのであり、実質的には彼女の勝利だ。

この判決の波紋はたちまち世間に広がった。新聞は大きな記事で伝え、ある雑誌はこの問題を特集し法曹関係者、評論家ら男女の知識人による座談会を開いている。男性陣は大審院判事の尾佐竹猛、弁護士片山哲をはじめ7名。女性は山田わか、吉岡弥生、それに中途から出席した大学教授の3名。男性は全員が判決に賛成。だが、女性陣は口を揃えて大審院判決を非難している。

部分的に抜粋しよう。

片山　哲　こういふ訳で解決が付いたのですが、弁護士も大変力をいれて弁護した。

吉岡弥生　その弁護士はきっと妾狂いをしている男だわ。

浜尾四郎　然し、男の世話にでもならなければ生命が保てない場合では、それを不貞だと片付けられますか？

山田わか　生活上貞操を犠牲にすることが正しいとなれば、売笑婦の行動をも正しいものと考へなければなりませんが、穏当でせうか。

新居　格　正しいことはなくても、生存のためには止むを得ない。

男性陣は現実的な考えだ。大事なのは子供の養育だ。生活難の現状では妾になるのも仕方が無いという判決に賛成している。

女性陣は反撥する。おそらく「止むを得ないから妾を是認する」という言い分が、男性の性道徳のいい加減さを表しているかのようで、腹立たしかったのであろう。

山田わか　今の社会の道徳ではそれを好いことと認めはしない。
尾佐竹猛　社会的立場を考慮しなければ議論は立てられない。金もなければ知恵もない女は夫に死に分かれてどう生活してゆけるか。
新居　格　普通の女は誰かに寄掛らなければ生存できないのが多い。
大平　久　何れにしてもこの判決は良いと思ふ。
山田わか　大審院の錯覚だと思ふ。身を売ることを構はないと言ふなら大審院が正式に妾商売を奨励したことにもなります。
吉岡弥生　大審院の堕落ですよ。

大審院判事を前にしてこの発言だ。人員的には男性陣より少ないが、彼女たちの鋭い舌鋒には容赦なかった。

男たちは彼女たちがなぜこれほど反対なのか。どうして分かってくれないのかと首を傾げていたであろう。だが、それでも熱心に彼女たちの説得に努めている。

大坪　久　大審院は妾になることを奨励しているのではない。已むを得ないと言ふので決して奨励はしていないのです。

山田わか　已むを得ないから認める。国家最高の法院の態度とは思はれない。

吉岡弥生　子供を絹布団に寝かして自分もお洒落をして暮らしたいのが、この婦人の願ひでせう。節操を保たうと云ふ決心があれば立派に立って行ける。苦労せずに子供を育てようとするから不可《いけ》ない。

（「婦人世界」昭和4年8月号）

現在の刑法に相当する明治初期の法規には妾という名称がきちんと明記されている。例えば夫が妻・妾を、あるいは妻が妾を殴打して傷を負わせた場合の罪も定められている。つまり、妻と並んで妾も公的な地位があり、それなりの権利も持っていたことになる。ということは男が妾を持っても違法ではなく、何の不思議もなかったということだ。

明治15年の布告で「妾の名を法典から抹殺」となったものの、それは西欧諸国と肩を並べるための建前であり、現実には近代日本を通して、まるで己の「雄々しさ」の証しであり、有名人の勲章であるかのように、自慢げに妾を持っている男たちは少なくなかった。

それだけに、男性陣には妾を容認した大審院の判決が分かりやすかったに違いあるまい。逆に、女性陣はそんな男性たちのため流さなくてはならなかった、女の涙の辛さ口惜しさ悲しさ、男たちの身勝手さなどが、これまで嫌と言うほど身に沁みついている。

それだけに、妾の訴えに軍配を上げたことがどうしても納得できず大審院を「堕落！」と批判したのであろう。

こうした現実論と感情論が折れ会うはずもなく座談会は終わっている。

だが、もしも、女性陣が論点を少し変えて「結果的に、夫の妾が是認された。歯科医師の妻はどんな気持ちだろう。この判決を妻は当然と受け取るべきなのだろうか。夫の妾を認めろと裁判官に言われたことと同じだ。彼女は何の罪咎《ざいきゅう》もないのに、なぜこんな目に会わねばならないのか」などと男性陣に問いかけていたとすれば、彼らはどんな答え方をしたことだろう。彼らも答えに窮したはずだ。

だがこの時期。多くの為政者たちも「答えに窮していた」。

大正９年以来、何度となく銀行不渡り事件を繰り返すなど、慢性的な不況は続き、それをどう乗り越えるか、その答えを見出すことが依然としてできないでいたからだ。

生活難という雲が、まるで真綿で首を締め付けるように、どんよりと息苦しく世間を覆っていた。

そうした中、或る軍人の病死は世間に大きく鮮烈な波紋を描き、涙溢れる感動を多くの人々に与えた。

2 殉死と恋愛

昭和4年8月のことだった。

この軍人は陸軍大尉寺内毅雄。

彼の亡父は軍人で最高の元帥であり陸相も務めた陸軍大将正毅、兄は陸軍中将寿一というエリート一家に生を受け、将来を嘱望されていた。

軍人としての力量は無論のこと野球、ラグビー、水泳でも群を抜くスポーツマンであり、酒・煙草は嗜まないものの文学には造詣が深く、更には長唄をたしなんでいた。つまり「雄々しさ」ばかりでなく「めめしさ」をも併せ持つ、人間味豊かな明るい人物だった。

当時はたまたま、各学校に将校を派遣して軍事教育を実施する配属将校制度が具体化し、彼はその第一陣に選ばれて近く東大に配属将校として赴任する予定だった。

それほど、彼に対する軍の期待は大きかったのだ。

ところが、これまで数回の開腹手術を受けた彼の症状が悪化、緊急に手術をすることになる。

おそらくその際、彼には何らかの予感があったのだろう。「自分に何かあったら伝えてくれ」と、関係者に遺言を託して手術に臨んだ。

そして程なく、彼の予感は的中した。

妻の綾子（28）に伝えられた遺言の冒頭はこうだった。

　綾子に相済まぬことをした。深くおわびをする。

遺体を自宅に運び出すまで、彼女は薄暗い病院の廊下の椅子に身を預け、物思いに耽っていた。

窓から差し込む静かな月が、何事かを訴え掛けているような彼女の姿を、柔らかく写し出していたという。

美女の評判高い彼女は東京府知事の長女。洋楽を好みピアノに堪能だった。

長唄とピアノ。互いの趣味は正反対だ。だが互いの心は一つに結ばれて、誰もが羨む仲の良さだった。

彼女は窓辺の月に、これまでの愛しい年月を映し出し、切なく思い耽っていたのだろうか。

それから数時間後。

綾子は通夜に詰め掛けた大勢の弔問客の応対に追われていたが、家人が目を離した僅かな隙に、遺体が置かれている2階へ上っていった。そして程なく、なるべく音を立てまいと配慮してか、夫の拳銃を自分の左胸に突き刺すように押し当てて自殺し、夫の棺に寄り添うように倒れていた。

夫が亡くなった8月17日が、やがて翌日を迎えようとする頃のことだった。

純愛を捧げて　寺内大尉夫人の殉死　（「東京日日新聞」昭和4年8月19日）

世間の視線は「殉死」に集中する。

おそらく、夫の名刺に書き残した綾子の遺書から連想して、見出しに使った「殉死」だったであろう。

死を前にしての走り書きとはいえ取り乱した跡はなく、彼女らしい愛情の優しさと激しさとを偲ばせる筆跡だった。


お供をさせて頂きます。

只今喜んで死なせていただきますのが本当に嬉しうございます。
後のことは何とぞよろしくお願ひ申しあげます。
軍人の妻として夫のあとを追ひますことを御許しくださいませ……。

かつて乃木将軍が自刃したとき、世間は「新しい女」の出現で騒いでいた。そのため、将軍の後を追った妻の自害を殉死と讃え、彼女を崇める感動の声は世間を覆った。「夫人の自害は壮烈無比である」「今の堕弱な世の好模範」「人の心を真面目にする」など賛美が当時の新聞紙面を飾り立てていた。

だが綾子の場合、モボ・モガで世間が騒ぎ、生活難と社会不安で社会が大きく揺れ動いている中での「お供させて頂きます」だ。

綾子の自殺を、伝統的な女性の道徳に従い夫への貞節を全うしての殉死として心を振るわせ、瞼を濡らした人は多かったであろう。

人心に感動を与へた点において決して犬死でない。殊にモボ・モガが出現して次々へと渡りあるく現代の社会相には一服の清涼剤を投げたやうに感ずる。

（高島米峰「東京日日新聞」昭和4年8月19日）

もし、綾子が後追い自殺をしていなかったら、毅雄の病死はそれほどの話題にならず、「綾子に相済まぬことをした」との遺書も、輝かしい軍人の家系に傷をつけるとして、隠し立てされたであろう。

だが、綾子自殺だ。

ロンドンの英・米・仏・伊の海軍軍縮会議に我が国も参加。浜口雄幸内閣は緊縮予算を発表。東京放送局は求人求職の情報番組を始め、青森県では数年来の小作争議が警官隊と乱闘騒ぎを起こし、小津安二郎の映画『大学は出たけれど』が評判になるほど、一向に明日の明かりが見えない、視界不良の重苦しい時期に、乃木夫人殉死の再現だ。

軍隊に活を入れるためにも、寺内家の栄光を一段と高めるためにも、軍は「軍人の妻の殉死」を祭り上げたかった。

新聞も夫の遺言より綾子の遺書を大きく取り上げ、殉死のイメージを盛り立てている。

こうした動きに誘われて『不如帰』での浪子の台詞を、綾子の遺書と並べて思い起こした人は多かったのではなかろうか。

嬉しいわ私……死んでも貴方の妻ですわ。
お供をさせて頂きます。

二人の言葉は違っている。だが切なく夫を慕う、それぞれの妻の思いは見事にぴたりと重なり合う。

綾子もさぞかし辛かったろう。何時までも夫婦寄り添って暮らしたかったであろうに。

せめて「死んでも貴方の妻」でいたいと、亡夫への貞節を守り殉死したのだと感涙に咽ぶ人々は多かったであろう。

だが、こうした風潮を違った目で見詰めている者もいた。

平塚らいてうだ。

命を賭けた綾子の恋に、身勝手に殉死の網を覆い被せようとしている、時の流れの不気味さを感じたからであろう。次のように述べている。


綾子さんの自殺は所謂婦徳の発揚でもなければ完成でもない。妻が夫に殉死したのではなく、寧ろこれは恋愛殉死ではないかと思ひました……綾子さんを死に導いた根本の動力は、本能に深い根を下ろしている恋愛の情緒であったと思ひます。

（らいてう「婦人公論」昭和４年10月号）

主君の死に従う家臣、あるいは死んだ夫を追う妻を殉死と讃え憧れる、そんな世の中であってはならない。

女性が、もっと人間的で伸びやかな時代であるべきだと「形式的な道徳殉死」を否定している。

「綾子は古めかしい道徳に殉じたのではない。好きで好きでたまらなかった夫に追いすがった、羨ましいほど素晴らしい恋愛殉死だ」と哀切の筆を進め、夫を慕い縋り追う「めめしさ」を追悼している。

旧い道徳に支配されず、愛しさも、恋しさも、口惜しさも、怒りも、様々な女の気持ちを素直に発揮できる、風通しの良い社会にしようと努力している平塚だけに、自害で自分の愛を確かなものにした綾子が痛々しくてならず、優しい思いを込めて、追憶の愛の花束を捧げたのではなかろうか。

「愛のある生活」それは当時、何と言いようもない不安の中で暮している、多くの人たちに共通する願望だったでもあろう。

ちょうどそんな時、たまたま姿を見せたのが『東京行進曲』だ。

新鮮で歌い易い中山晋平のメロディー。西条八十の心浮き立つような明るい歌詞。

それはまるで、いきなり砂漠に噴き出たオアシスのように、生活に喘いでいる人々に生気を与え、世間は沸き立つ。

われ勝ちに先を争うように、多くの人々がこの歌に群がり集った。

昔恋しい　銀座の柳　仇な年増を誰か知ろ
ジャズで踊ってリキュールで更けて
明けりゃダンサーの　涙雨

「作曲家の中山晋平君は印税で家を建てるやら、歌いての佐藤千夜子さんはこれで洋行する」（「大阪朝日新聞」昭和４年10月18日）ほど、レコードは売れに売れて庶民に愛唱され、巷の隅々でも盛んに歌われた。

だがそれはまた、この歌が数々の非難に曝されることでもあった。

流行するが故に、禁じなくてはならぬ場合はあり得る……「東京行進曲」の如き、強健味を欠いた軟弱な、且つ悪趣味の歌といふものは存在しない。

（伊庭孝「読売新聞」昭和４年８月４日）

こうした非難に対して、中山晋平は「軟弱、亡国的と非難される歌だからこそ、大衆は歌うのだ」と述べ、彼らが何故に亡国の歌を歌うのか、その原因を考えるべきだと主張している。

流行歌に軟弱なものが多いと言ふ非難もたびたび耳にするが……大衆は明るい力強い歌は歌はずに、所謂亡国的と非難され易いやうな歌ばかりを抜き出して歌ふ……どんな所にさうした行動を大衆に取らせる原因がひそんでゐるのか、この問題は新しく、深く考へて見るべき価値のあるものと思ふのである。（中山晋平「民謡音楽」昭和5年1月号）

亡国と誇られるような歌を何故大衆が好むのか。それを大衆に歌わせる原因は何か。それが考えるべき問題だとの反論だ。

だが、その反論に誰もが納得するような世間でもなかった。

この歌は「上中流人士の家庭」にまでも汚染する「毒素」だと批判する音楽教師も現れている。（上田誠二「教育学研究」2007年3月号）

当局側も、似通った意識だった。

彼らにとって『東京行進曲』は国民を軟弱、卑猥にさせる「めめしく」嘆かわし歌であり、その流行を阻止することが使命だった。国民がそれを歌っていることが憂慮すべきことだったのだ。

シネマ見ましょか　お茶のみましょか
いっそ小田急で　逃げましょか
かわる新宿　あの武蔵野
月もデパートの　屋根に出る

彼らは東京放送局がこの曲を、当時の有名タレント二村定一の独唱で放送することを、前日になって中止させている。
その理由はこうだった。

歌詞がどうも不穏当なので禁止することになった。ラジオは真面目な、そして少しも知らぬ若い子女に、浅草であいびきして小田急で駆け落ちするやうな文句はどうも困る。
（「東京日日新聞」昭和４年６月15日）

如何にも、青年子女の将来を慮っての放送中止であり、教育的指導と言いたげな口調だが、混乱している社会状況を乗り切るため国民生活の隅々まで、細かく規制の目を光らせていたということでもあろう。

実は「かわる新宿　あの武蔵野　月もデパートの屋根に出る」の歌詞も、当局の注意を受けて差し替えたもので、もともとは次のようだったという。

赤い髪したマルクス・ボーイ　今日も抱える　赤い恋

この事件からほぼ一年後の7月15日、大阪放送局の番組「婦人講座」も放送の直前になって突然中止させられている。

この講座は毎週14時から放送している恒例の番組だった。

当日の新聞でも奈良女子高等師範西本教授の講演と、放送番組欄に掲載されている。

「婦人と世界平和」の演題で、戦争否定や平和の大切さを述べる予定だった。

だが、ロンドンでの軍縮条約の締結が、国防上の不安が招くと議会でも論議されるほど緊張が高まっていた時期だ。

そんな時、安易に平和を説くのは日本を堕落させるという理由で、担当官は中止を命じたのだ。

戦争そのものを罪悪視するやうな放送に対し、中止あるのみと断定するに至ってはその非常識とわからずやに驚かざるを得ない……官権を以って放送を中止せしめた時代離れの愛国者のあることを悲しまざるを得ない。現代家庭の主婦は次代国民の母たる婦人に戦争讃美などの道に踏み込まざらんことを希望して止まぬ。

（投書「東京朝日新聞」昭和5年7月23日）

この時の当局者が戦争賛美者であったとは断定できない。

だが、東京行進曲の放送中止を指示した者と同じく、彼もまた社会秩序維持の使命感を忠実に発揮した愛国者であったことに間違いはあるまい。

この年、警視庁の愛国者たちも、バーやキャバレーなどに、次のような事細かな取り締まり規則を通達している。

これらは日常生活の隅々で国民の行動や思想を統制し、様々な理由をつけ「めめしさ」から遠のくように、誘導し始めたことを意味するであろう。

照明を以て腰部の着衣を肉色に反射せしめることは之を禁ずること。

ダンスにして、腰部を部分的に著しく前後左右に振る所作は之を禁ずること。

観客に向ひ脚を挙げ股部が継続的に観客に見ゆる如き所作は之を禁ずること。

（「朝日新聞」昭和5年11月24日）

3　暗黙の筋書き

これから約9ヶ月後、満州事変が始まる。

ほぼ同時期、東京銀座と京橋交差点に三色燈の自動信号機が設置されているのは印象的だ。信号機で町行く人の方向が定まったように、数多くの兵士たちの行方もまた、玄界灘から中国大陸へと定まったからだ。

そこには最早、出征兵士に対し「命を重んじ体を大切に」と指揮官が訓示する光景はなく、兵士たちにもそれに耳を傾けるほどの余裕はなかった。

ただしかし、戦場を走る列車からは久しぶりに懐かしい歌声『ここはお国を』が流れていた。

貨車内の兵士たちは汽車のスピードとともに暫時近づいて来る戦ひの期待に、目を輝かせ闘志に胸をもやしてあの昔なつかしい「ここはお国を何百里」の軍歌をうたふのだ……列車はただ国権擁護の魂と興奮を乗せて大平原のただ中をまっしぐらに走りつづける。（「大阪毎日新聞」昭和6年9月24日）

「離れて遠き満州の」と歌っているうち、彼らの胸にはかつて父親たちが血潮で染めた戦場で、今度は自分たちが戦うのだという歴史的な感動も湧いてきたであろう。

だが「国権擁護の魂と興奮」が全身で燃え滾《たぎ》り、おそらくは自分も戦死して「野末の石の下」に埋められ「赤い夕陽に照らされ」る日が来るであろうと、その日の覚悟はできていても、それでもやはり隙間風のように心の何処かに、父母恋し妻愛しの思いが入り込んでいても不思議ではあるまい。

ポケットで「時計ばかりがコチコチと」の状態にはなりたくない。我が家で楽しく暮したいと願う、それぞれの切ない「めめしさ」が一つの思いに絡まっての『戦友』の大合唱だったのではなかろうか。

だが誰一人として、いずれ『戦友』が封印され、自由に歌えなくなる日が来るとは、夢にも思ってはいなかったに違いない。

ところが、それは決して遠い日のことではなかった。

歌うことはもちろん、悲しむことも、生きることも、死ぬことすら自由にならない日が、直ぐ近くまで迫っていた。

その兆しを、陸軍少佐空閑《くが》昇の運命がはっきりと物語ってくれる。

満州事変が上海事変へと変化し、その戦場に侵攻した帝国陸軍は待ち構えていた敵の集中砲火を浴び、35時間にわたる激戦を展開。その中で空閑は行方不明になってしまう。

それがことの発端だ。

最初は各新聞が「消息不明」「憂慮されている」「なお連絡出来ず」「消息を気遣われている」などと伝えていた。そして程なく彼の戦死が記事になる。

壮烈！　空閑少佐以下の最後
空閑少佐は深傷を負いつつ池島伍長を傍らに呼び「武人の本務を完うして今戦死するのは予の本懐だ。君等重囲を潜って、この有様を一名なりとも師団司令部に急報せよ。天皇陛下万歳。大日本帝国万歳」と最後の悲壮なる努力で双手を挙げて絶叫しつつ絶命した。（「大阪毎日新聞」昭和7年2月24日）

彼の「雄々しさ」を伝えている新聞は更に「なお空閑少佐の遺骸は野戦病院に収容された」とも付記している。

だが、かつての常陸丸事件のときのように、この記事は誤報だった。

彼は「帝国万歳を絶叫しつつ絶命」してはいない。そればかりか、敵である中国軍の捕虜になり入院していた。

敵の砲火を浴びて重傷を負い、意識不明となって倒れていた彼を、中国軍が収容していたのだ。

ところがそれが判明して以降、彼についての報道は一切禁止される。

彼は敵に収容されている間、何度も自殺を図ったが果たせず、３月半ばの捕虜交換で、上海の我軍に引き渡されていた。

その後、捕虜になったことについては軍法会議で審議され「真にやむを得ざるもの」と判定された。

彼は罪に問われることなく、軍の病院に入院し重傷の身を治療していた。

ところが、そうした経過は知らされることなく報道禁止が続いた。

家族も、軍から何の通知もないまま、戦死したものと諦めて仏壇に燈火をかかげ弔っていた。

軍が報道禁止を解除し状況を発表したのは4月2日になってからだ。

しかしその時、彼は既に自害していた。

つまり、彼が自殺するまでは一切の報道を禁止し、軍は固く口を閉ざしていた。彼の死後ようやく記事を解禁し経過を公表したのだ。

生きていた少佐、部下の五七日に自決

空閑少佐は自ら奮戦の思いで深き地点で自刃した。今まで戦死と伝えられ、行方不明とも言われていたが、この武士道的死によって一切が清算された。真に武士道の精華であり、上海事件の生んだ最大の悲劇である。（「大阪毎日新聞」昭和7年4月2日）

彼は3月28日に自殺している。

その事情を当局者は「少佐は部下の霊を弔いたいと、軍の自動車で病院を出た。途中で車を降り一人で旧戦場へと姿を消した。やがてピストルの音。運転手が駆け付けたとき少佐は満足の笑みを浮かべて冷たくなっていた」と語り、彼の自害を次のように讃えている。

従容として自決せり……一朝俘虜の身となるも、遂に武士道を忘れず……その死は国軍のため、はたまた国民精神作興のため寄与すること大なるものあり、武士道未だ亡びずといふべし。（「大阪毎日新聞」昭和7年4月2日）

だが同期の仲間が、入院加療している彼に、何時まで生きているのかと、自害しないことを非難する手紙を届けたという噂がある。

また彼に誰が拳銃を持たせたのか？などの謎も渦をまいている。

彼が自殺するまで報道を禁止していたのも、不自然に思える。

捕虜になって直ぐはおそらく、詳細な状況が分からないから公表できないのも仕方ないだろうが、彼は我軍に戻った後の軍法会議で無罪になっている。

家族も国民も、これまで彼を戦死と思っていたのだから、重傷を負って捕虜になったものの、軍法会議で無罪になり現在は入院中という、これまでの経過を説明し、記事も解禁すべきだったはずだ。

軍はしかし、その事実の一切を彼が自殺するまで秘密のベールで覆い隠していた。

何故だろう。

なぜ、彼が生存していることを公表しなかったのだろう。

彼が自殺してやっと、その間の経過を発表し「武士道未だ亡びず」と讃えているのは何故だろう。

軍当局に、何らかの思惑があったのではなかろうか。

もしかしたら、彼が捕虜になったと分かった時、当局には既に、最終的には彼が自殺するというお膳立てができており、その闇の筋書き通り事が運ぶよう、彼に対する精神的な圧力を、じわりじわりと強めていったのではなかろうか。

そう考えると、彼に自殺を強請する仲間の手紙が届いたという噂も、単なる噂ではなさそうだ。

自殺の数日前、彼は上官へ次のような書簡を送っている。


噂に聞き及び候はば少官は内地へ還送される趣き、これが事実と致せば洵《まこと》にもって残念至極に存じ候。願はくば……死栄えある死方を致さしめ下さらば身に余る光栄と存じ候。

（「佐賀新聞」昭和7年4月3日）


この書簡は真実のものだろうか。

内地に送還されることをなぜ、残念至極に思ったのだろう。

彼にそう思わせる、何らかの事情があったのだろうか。

ともかく誰かが、密かに彼の病床に拳銃を置いたことは事実であろう。

だが彼は「家庭では病身の夫人を助け、まるで女も及ばぬくらい手際良く」２歳の長男を風呂に入れたり、あやしたり、休日には８歳の娘の手を取り、長男を抱いて和服姿で兼六公園を散歩していたと言う。

軍人には珍しいくらいに妻子に思い遣りのある、優しい夫だったのだ。

その彼が死の間際まで気にしていたのは臨月を迎えている愛妻の健康だった。

死んでも死にきれない、彼の切ない思いが遺書に書き残されている。


不肖の妻は目下妊娠中にて、本月末頃出産の予定に付き、出産後まで不肖の自決せることを秘し発表見合わせ、適当の時機に発表相成りたく候。（「佐賀新聞」昭和７年４月３日）

彼は心の片隅で「まだ生れないのだろうか。無事に生んでくれ」と、妻の身を案じ、我が子の誕生を心待ちにしていたに違いあるまい。

だったらなぜ「死栄えある死方を致さしめ下さらば身に余る光栄」と書いたのだろう。

ところが既に、彼の自殺の十数日も前、次男が生れていた。

それを知らず、無事の出産を念じながら彼は命を絶ったのだ。

軍から夫の自殺を知らされ、次男を生んだ時に夫が未だ健在だったと分かった時、妻はどんな思いだったであろう。

「あの人に一目だけでも、この子を見せてあげたかった。せめて、無事で生まれたことだけは伝えたかった」と嘆きながらも懸命に口を噤み、夫の遺影に手を合わせ続けていたのではなかろうか。

だが、こうした妻の気持ちなど、軍当局にとっては些細でどうでも良い、全く無意味のことだった。威厳の維持という軍の大義の前には妻がどれほど嘆き悲しもうと、それは無視しあるいは排斥すべき醜い「めめしさ」でしかなかった。

この事件が筋書き通りの結末を迎えたこと、それが彼らには何よりのことだったのだ。

彼の上官の発言が、そのことをはっきりと示しているかのようだ。

「空閑少佐！　よく死んでくれた。あとのことは決して心配するんじゃないぞ！」私はこう引導を渡したのだ。全く少佐の死は今後の日本軍の強味をいっそう増すものだ。

（「大阪朝日新聞」昭和７年４月２日）

彼の自殺で胸のつかえが取れ、ほっとしている感じが伝わってくるような「よく死んでくれた」だ。

もしも、この上官の期待に背いて生き延びていたとすれば、彼にはどんな闇の筋書きが待っていたであろうか。

そのことは多分、すべての軍人が理解していたはずだ。

何故なら、その筋書きは軍人らしくあるための、誰もが守らなくてはならないものだったからだ。

だが、それとは別な事柄で「軍人らしくあるため、何をなすべきか」と、懸命に悩み考えていた青年将校らもいた。

山形県最上郡西小国村には15歳から24歳までの娘４６７名のうち、借金のため１１０名が売られ、１５０名が女中や酌婦になっている。（「東京朝日新聞」昭和7年6月17日）

彼らはこうした記事で、家庭生活そのものが崩壊しつつある農村の悲惨さを知り、口に出して訴える部下はいなくとも、それぞれの家族や故郷を心配し、嘆き、悩んでいる彼らの苦しみを察して、胸を痛めていたであろう。

日本全国の農村が世界恐慌の渦のなかにあった。

昭和6年で、東京の卸売り価格は前年より15・5％下落するなど、不況はさらに深刻化。下落した農産物の価格と、農民が購入する化学肥料など工業製品との差は増大して、農地を借りて耕作している数多い小作人たちの暮らしは追い詰められていった。

特に、アメリカの輸入制限の影響は深刻だった。

先述のように、我が国の輸出産業のチャンピオンだった生糸も、輸出先がなくなり価格が暴落したのだ。

それはそのころ220万戸だった養蚕農家の収入が減る事であり、また製糸工場の生産活動が縮小し、大勢の製糸工女たちが解雇され、その多くは養蚕農家の親元へと帰って行った。

二重の苦しみが農家を襲ったのだ。

当時、農林省の幹部だった小平権一は語っている。

日本の生糸は昭和3・4年ころ、世界不況の前は一俵1300円だった。昭和7年、世界不況の最中は一俵400円に暴落。養蚕農家が繭を川に投げ捨てたような話を聞きました。

こうした状況に追い打ちをかけたのが、北海道や東北地方の凶作だ。部下の苦悩を感じるだけ「このままで良いのか」と、思いを燃やす青年将校たちは一途だった。

我らは初年兵教官として、軍服の農民の苦悩を知り、軍服の農民の魂を掴み、軍服の農民を握る……我らは前進又前進するのみ。

このような彼らの思いに、軍縮会議で軍備を縮小する政府への憤懣も加わり、これからの時代は一段と厳しく複雑になって行く。

世人は只非常時を叫び、非常時に甘んじて居ながら之が根本的解決を一向に考へない……内に於ては農村の窮迫となり、失業者の奔流となり……

（『現代史資料4』みすず書房・昭和38年）

第5章 「お可哀そうに」——『戦友』の封印と帝国の終焉

1 「女がなっとらん!」

昭和7年の秋が深まる10月末のことだ。

京大医学部教授の娘静子(25)と、父の愛弟子である医師(浩)との結婚式は意外な事件に発展し、世間の人々を驚嘆させる。

挙式の後、京都のホテルで行われた披露宴には各界から、三百余名の知名士が集う華やかさだった。

参加者は誰もが、幸せそうな二人を祝福の言葉で飾り、これからの新生活に温かな拍手と声援を贈ったであろう。

彼女もまた浩に寄り添い、様々な期待と希望を抱いて胸を弾ませていたに違いない。

だがその夜、彼女は思いもよらぬ事に直面する。

浩が2年ほど前に性病に罹っていたと告白したのだ。

彼は正直に過去を語り、新しい気持ちで門出したい。静子も理解してくれると思っての告白だった。

だが、驚き怒った静子は即座に席を立って実家に戻ってしまった。

彼女の知人に性病に感染して苦しんでいる女性がいて、その悲惨な様子を知っていただけに、恐怖心も人一倍強く逃げ帰ったのだ。

その後、専門医の検査で、彼の病気は完治に近く感染の恐れもほとんどないことが分かる。周囲にはこれで問題は解決した。静子も納得するだろうという雰囲気も生まれたであろう。

だが、事件は意外な方向へ展開する。

彼女の結婚拒否の気持ちは更に硬化し「これまで彼が隠し続けていたことは私への裏切りだ。我慢できない」と、挙式をした神社で結婚解消の報告式を行うことにし、関係者にも通知した。

男性への抗議　結婚解消報告式　（「大阪毎日新聞」昭和7年11月30日）

これまでまったく例を見ない空前の事件だ。

しかもその主導権を握ったのは女性。世間の人々が好奇心を抱くのは当然だろう。たまたま撮影中だった映画「男性征服」はそれまでのストーリーを急遽変更し、この事件を題材とした作品にまとめて上映するなど、波紋の広がりは大きかった。

各新聞社へはこの問題に対して賛否両論の数多くの投書が届き、婦人公論が実施した「読者からの感想文募集」には締め切りまでの僅か1週間に、全国からの応募作は実に5283編に達しているほど、この出来事は世間の関心を集めている。

その一位当選作は「静子は母性を護ることが出来た。だが、自分の貞操を販売しなければ生活できない無数の女性がいることを忘れてはならない」(岸千代子「婦人公論」昭和8年2月号)と、女性が今も尚、男の楽しみでしかない無念さを込め、男性社会を厳しく批判している。

だが当時、代表作『南国太平記』を書き終えて流行作家としての名声の頂きを占め、高額の収入と浪費と執筆との中で妻と愛人を従え、がむしゃらな暮しをしていた作家直木三十五は吐き捨てるかのように語っている。


一言に云へば女がなっとらんね……この娘の気持などは最低級の理想論だ……男性の汚

さ、不純さといふものにぶっつかってこれを克服してゆくところに女性の強みがあるのだ。こんな女と結婚したら……最もたちの悪い女房になるだろう。

（「東京日日新聞」昭和7年12月1日）

また、浩の関係者は「若し鳴かざる雉として新婚生活に入ってゐたら、打たれることもなかったろうに」（「大阪毎日新聞」大正7年12月1日）と嘆いている。だが、鳴きたくとも口を噤まざるを得なくなった「鳴かざる雉」たちが、無念の涙を噛みしめている姿も決して珍しくはなかった。

特に農村ではそうだった。

農民らの吐息は社会をますます重苦しくしていた。

「軍服の農民の苦悩を知り、軍服の農民の魂」を掴んでいる青年将校も遂に苦悩と憤懣を爆発させ、彼らに共感する民間人もまたテロに走る。

2　仇花の歌声

それにしても、昭和7年は未遂を含めテロ事件が目白押しだ。

1月8日 天皇を狙った桜田門事件
2月9日 前大蔵大臣井上準之助、狙撃されて死亡
3月5日 三井財閥の統率者団琢磨、暗殺される
3月11日 血盟団事件
5月15日 首相犬養毅、官邸で射殺される

5月15日の俗に言う、5・15事件は「現在、国民の大多数が生活不安に慄いている。だが政府にこの状況を是正する能力はない。我々が先頭に立って国家を改造すべきだ」と、陸海の将校らが一部の民間人の支援を受けてクーデターを計画し、犬養首相を射殺、内務大臣官邸や警視庁などを襲撃した騒動だ。

本来の計画は失敗し、将校ら全員は自首して裁判を受けることになる。

軍人仲間からは無論のこと世間からも、彼らの行動を愛国的と賛美する声が高く、減刑を求める嘆願書も殺到している。

こうした状況を背景に、彼らはそれぞれ陸・海の軍法会議で裁かれ、陸軍側の検察陣は被告の全員に8年を求刑。だが判決はいずれも4年と半減している。

一方、海軍側の法廷では検察官が厳しく被告の罪を論じて、死刑を含む求刑を行った。

暴力スナハチ非合法性行動ハ動機ノ如何ヲ論ゼズ絶対ニ之ヲ排斥セネバナリマセヌ……動機ノ純ハ行動ヲ純化スルモノナリ等ト云フ如キ論議ニシテ仮ニモ是認セザルル余地アリトナスナラバ、世ハ忽チ直接行動ノ巷ナルベク……

被告たちが事件を起こした「憂国の熱情」は理解できるが、それでも、違法の行動を認めることはできないと、彼らを容赦なく糾弾している。

被告人等ノ行動ハ大義ニ基カザルモノナルヲ以テ、武勇ニ似テ決シテ真ノ武勇デナイノデアリマス……動機ノ如何ヲ問ワズ……国法ヲ破リ軍紀ヲ紊ル如キ行動ハ、絶対ニ之ヲ排斥セザルベカラズト申スノデアリマス

（『検察秘録五・一五事件Ⅲ』編・原秀男・角川書店・平成2年）

この論告への反発は強かった。その憤激が、検察官への危険を予測させたため身辺には警護が付き、彼の家族は身を隠したほどの状態にさえなっている。

だが結局「疲れたら腰をかけてよい。水は何時でも飲んで良い」と、被告たちに同情的な態度を見せていた裁判長は「罪責まことに重大なりといへども、憂国の至情諒とすべきものあるを以て」という理由で減刑し15年以下の判決を下し閉廷後すぐに海軍大臣に報告している。(「国民新聞」昭和8年11月10日)

一方、事件に加担した民間人は一般の裁判所で審理を受け、実行行為には全く参加していないにも関わらず無期や15年の求刑。判決は求刑通りだった。首相暗殺まで実行した軍側には軽く、民間側には重い結果となっている。

国法が紊れて国家が独り栄ゆることはあり得ない……若し同じ性質の犯罪に対し単に犯人の身分が軍人あるや否やに依ってその刑罰が著しく軽重を異にするならば、それは国法の基本的な要求に反するものと謂はねばならぬ。

(美濃部達吉「福岡日日新聞」昭和9年1月3日)

この事件が起きたのは昭和7年5月15日。だが新聞記事になったのは一年後。その間、当局は新聞発表を差し止めていた。

それは、この事件の背後にあるものが、国民の生活不安であり、それを解決できない政府への怒りだったことを、彼らが十分に理解していたからだ。

それだけに、当局が受けた衝動は大きく、深刻だった。

だからと言って、それを解決するだけの具体策があるわけではない。

今すぐ発表して世間をざわつかせるより、とにかく今しばらく静かにして、事件の波風が静まるのを待とう。それが無難だ。

おそらく、そう判断しての一年間だったであろう。

そして、まったくの偶然ではあったけれど、彼らの判断は的中した。

8年の夏。どんよりと沈んでいた世間の人々の心に、ぱっと明るく大輪の花が咲いた。

『東京音頭』だ。

作詞西条八十、作曲中山晋平のこの歌に、多くの雉たちは思い切り羽ばたき、全国はたちまち歌と踊りの渦に巻き込まれてしまった。

はあ　踊り踊るなら　ちょいと　東京音頭　よいよい
花の都の　花の都の真中で
さて　やっと　な　それ　よいよいよい
やっと　な　それ　よいよいよい

この歌が原因で、41年ぶりの日照り続きだった東京でこんな出来事も起こっている。9月1日のことだ。

朝礼で新学期の心得を述べようと、深川の小学校長が教員一同と校庭に出たのだ。

予定では夏休みを終えた児童たちが、整然と校庭に集合しているはずだった。

ところがなんと、全員が大きな輪になって東京音頭を踊っていた。

驚いた校長は今後の踊りを禁止すると叱責して朝礼を終えた。

だが、そのことが更に意外なことに発展した。

翌日、地域の父母たちが学校に来て、校長に異議を申し立てたのだ。

「皆で申し合わせて毎晩のように全員で東京音頭を練習している。なぜ子供たちに音頭を禁止したのだ」と詰め寄った。

額にしわを寄せ意気込んでいた父母らを、校長がどのように説得して帰宅させたかは不明。

(高田保「改造」昭和8年11月号)


その数日後、今度もまた同じ深川で、唖然とした事件が発生する。

この地域の若者が蒼ざめた顔で派出所に転がり込み、苦しみ悶え始めたのだ。

驚いた警官が直ぐに手配し、男は病院に運び込まれて大事には至らなかった。

だが、どうしてこんな騒ぎになったのか、その理由がさっぱり分からず誰もが首を傾げていた。そして程なく、騒動の裏事情がはっきりした。

遺書として、彼が懐中に抱いていた紙片が見つかったからだ。

恨みの東京音頭踊
凝り過ぎて親から叱られ面当てに自殺（未遂）（「都新聞」昭和8年9月4日）

商店の跡取り息子である20歳のこの男は毎晩のように、地域の人たちと仲良く一緒になって汗水流し、東京音頭の練習を一生懸命楽しんでいた。

だが、その疲れで昼間の稼業は上の空。その代りに日が沈むと生れかわって元気になり、揃いの浴衣に着替えると家を飛び出し、町内衆と手ぶり身ぶりを見事に揃え、踊りまくっての上機嫌。あまりのことに見兼ねた親が「音頭など止めてしまえ。仕事にもっと精を出せ」と、激しく彼を叱責した。

ところが、それが裏目に出た。

彼は反省するどころか親の意見が不満でならず「音頭が駄目なら何とか仕返ししたいもの」

と考えた末、友人の入れ知恵を思い出す。

タバコを呑み込むとニコチンが効いて楽に自殺できるという話だった。

そこで彼はさっそく実行し、親への面当て自殺を図ったのだ。

遺書にはこう書いていた。


「煙草2箱を煎じて飲んで自殺する。後をよろしく」


ちなみに、この記事の翌日の東京は台風と豪雨。深川地区は水浸し。もちろん、この日から暫くは東京音頭の踊りはなかったはず。

彼はどんな思いで、この豪雨を眺めていたであろう。

こうした挿話をあちこちにばら撒きながら、馴染み易いメロディーも歌詞も囃し言葉も大衆の心を一人占めし、この歌は瞬く間に全国に流行する。

とにかく歌いたかった。唄って踊って汗流し、日頃の憂さを忘れたかったのだ。

例えば外房の勝浦などでは古くから地元に伝わっていた盆踊りを、押し退けてしまうほどの勢いだった。

こうしたことへの反発も強く、音楽教育に当る人たちからは特に激しい非難が寄せられている。

亡国的、性欲的、俗悪音楽が流行して青年は知らず知らずそれらを愛唱し知らず知らず柔弱淫乱に流れて停止することを知らない……軍国的教育と並行して藝術的教育を施してこそ、昭和日本の青年たるに恥じないのだ。

（小出浩平『音楽教育の思想と研究』目黒書店・昭和8年）

東京音頭を亡国的、性欲的で若者を柔弱淫乱に誘い込む俗悪音楽と批判している。警察署に「この非常時に何ということだ。厳重に取り締まれ」と怒鳴りこみ、あるいはレコード会社に乗り込み文句を付けた者もいたという。次のような投書もある。

近県では県庁前の広場で内務部長までが尻をからげて平民共と一緒に踊り、近郊では小学校長が女生徒の一団を率いてヨイヨイとはねている。まことに天下泰平な有り難い風景である……浮薄な指導者たちにリードされた男女幾百がバカ踊りに踊り狂ふのを目撃しては黙っていられぬ。

当時にあって、県庁の部長職ともあろう上級幹部が「平民」に仲間入りして一緒に踊るなど、通常は考えられないことだ。

ところが、住民を常に見下している日頃の立場を忘れたかのように「平民共」と一緒になって、東京音頭を楽しんでいる。県庁の部長は何を考えているのだ。バカ踊りができる時代かどうか考えろと、投書の主は「有り難い風景」に憤慨して更に書き続けている。

一体、これを奨励し唱導する今の当路者たちはこんなごまかしで、大衆のいらだたしい神経や盛り上がる経済不安を逃避させ得ると本気で考へてゐるのであらうか……極度の緊張と東京音頭踊りの弛緩とはどんな連絡があるのか。

（「東京朝日新聞」昭和8年9月21日）

投書の主はおそらく日頃から、国際連盟脱退や国内の経済状況などを深刻に見詰め考えている、気まじめな人物なのだろう。

彼は依然として続く生活難への苛立ちを「浮薄な指導者」にぶつけ、東京音頭に浮かれていて国民の不安や怒りを解消できるのかと、責め立てている。

だが、民衆がこの歌の虜になり、恍惚となって踊り、陶然として歌っている光景に気付いた時、当局は彼らの楽しみを禁止するのではなく、東京音頭に我を忘れている大衆の「めめしい」気持ちを後押しし、思う存分に歌わせ踊らせたら、彼らの日頃の鬱憤も消えるであろうと思ったに違いあるまい。

だからこそ、レコードは文部省推薦となり、東京行進曲のように放送禁止の話題にもなっていない。

当局は東京音頭を「流行するが故に、禁じる」のではなく「流行するが故に禁じなかった」のであろう。

その狙いの是非はともかく、彼らは東京音頭が齎《もたら》した現象を冷静に判断したのだ。やっと、待ちかねたものに出会ったかのように、楽しく歌い、明るく踊る人々の切ない胸の内を察知するだけの「めめしさ」を、未だ当局が失ってはいなかった。

この方針に従って各地方の出先機関も、積極的な行動を行ったはずだ。とすれば、一時的ではあっても己の権威を封じ、恥ずかしさも押し殺して大衆の先頭に立って「尻をからげ」踊りまくっている「浮薄な指導者」こそ、非常時を乗り切るため上層部の指示を汗水たらして実践している、滅私奉公の愛国者だったと言はなくてはなるまい。

こうした結果、手拭いは東京音頭染め、タイ焼きは東京音頭焼きとなって銀座の店頭にも姿をみせ、更には近代日本のメロディーとして欧米人にも親しまれ、外国航路の日本船舶でも流されていたという。

替え歌も生まれている。

2番の歌詞「東京よいとこ　日本をてらす　君が御稜威は　天照らす」が次のようにも歌われていたというのだ。

東京よいとこ　一度はお出で　砂利の中にも　蛆がわく

御稜威が砂利となり、更に砂利から玉砂利を、そして宮城を連想して「蛆がわく」と歌っていたとすればどうだろう。

もし、それが噂ではなく真実だったとすれば、何か異様な感じの替え歌になろう。

だが、彼らにそんなことはどうでも良かった。勝手に作った替え歌で歌うのも、これまでにない楽しみの一つだったに違いあるまい。

多くの若々しい雛たちは思うまま懸命に「東京音頭」を歌い踊り羽ばたいていた。

東京音頭は見事に、当局の思惑通りの役割を果たしたのであり、雛たちは間接的ではあっても、踊らされ歌わされていたことになる。

それでも東京音頭に巡り合えたことは彼らの、生涯忘れられない心の宝となるだろう。

彼らの人生を飾る、昭和の貴重な一ページに違いあるまい。

この後も、国民に愛唱された歌は数多い。

だがそれは当局が彼らなりの意図からプロデュウスしたものであり、民間から生れた大衆の歌ではない。

誰も彼もが明るく声を揃えて、自分たちの歌を歌い、身ぶり合わせて楽しく踊れた帝国の夜に、この後の人々はもう二度と出会うことができないのだ。

東京音頭はこの時期限りの、華やかに開いたほんの一時の帝国の仇花であり「めめしい」雉の歌声だった。

父母恋しと雉はしきりに鳴くけれど、大衆はやがて泣くことも歌うことも、生き死にすることさえも自由にはできない「雄々しさ」ただ一筋の時代を迎えることになるのだ。

3　甚兵衛の絶唱

昭和9年3月12日。佐世保沖の玄界灘で発生した事故は帝国海軍を震撼させる。

悪天候の中で、深夜の訓練を行っていた帝国海軍の小型艦船（水雷艇）の「友鶴」が、荒波を受けて傾いたまま転覆したのだ。

荒波を受けて傾いたとはいえ本来なら、船の復元力が働いて直ぐに回復する程度の軽微な傾きだった。その程度のことで転覆するなど、設計上では絶対にあり得ないはずだった。ところがその、あり得ない事故が発生してしまった。

何故、こうした事になったのか。

最大の原因は復元力の不足だった。

設計通りに「友鶴」が出来上っていたら、もっと激しい荒波に襲われ、更に急角度に傾斜したとしても、それを復元する力が働き船体をもち直すことができたのだ。

だが、攻撃力をあまりにも重視して過大に武器を装備したため本来の復元力を失い、通常なら簡単に船体を是正できるほどの僅かな傾きにも耐え切れず、転覆してしまったとされている。乗員のうち13名は辛うじて助かったものの、それ以外は艦長ら１００名が全員死亡という悲惨さだった。

復元力を失くし転覆してしまった「友鶴」は帝国日本の、痛ましい運命の末路を語りかけてくれるようでもある。

「友鶴」が過大な装備をしたため、復元力を失くして転覆してしまったように、帝国もまた軍備力と言う「雄々しさ」にのめり込み、不即不離の関係にあった「めめしさ」を切り捨ててしまったためバランスが崩れ、復元力を失って転覆してしまったとも言えそうだ。

だが、復元力の喪失は軍備に関することだけではない。日常生活の中で、人々の心からも薄らぎ始めていた。

ではそれが具体的に、どのように失はれて行ったのか。その過程を、先の東京行進曲の放送禁止のような、社会風俗の事例に焦点を当てて辿ってみよう。

ラジオドラマの如き一般的に分り易いものの新作には「恋」といふ題名は絶対につけたものはない。内容でも「恋」といふ字は「愛」に改めてゐるし「惚れた」は「好きだ」といふやうに訂正してゐるし、いやしくも、淫蕩的な言葉乃至《ないし》場面のあるものの放送は拒否してゐる。（「放送」昭和10年11月号）

これは「ラジオドラマが淫蕩的だ」という放送番組への非難投書に対する担当者の意見だ。「軟弱。軽薄は社会秩序を乱す」という当局の強い国家意識が、放送界に浸透していたためであろうが、人間の基本的な感情を表す「恋・惚れる」などの言葉さえ、反「雄々しさ」として局自身が自主規制しなくてはならないほど、社会的雰囲気が硬直化しつつあったことを物語っている。

「雄々しさ」の方へと傾き始めた社会を是正する「めめしさ」という復元力が、風俗の面からも衰弱しつつあったことを意味するであろう。

思想は風俗となって現れるものだし風俗は思想を象徴する。風俗を抑圧せねばならぬといふことは、実は思想を弾圧する必要がある時だ……つまり風俗抑圧は言論上のデマゴーグの身上である……服装まで妙な制服にしたがる。思想に妙な制服を着せるなどは朝飯前だ。（戸坂潤「中外商業新報」昭和11年11月5日）

この年に二・二六事件が発生する。
青年将校の次の意見も物語っているように、この事件の背景は7年前の五・一五事件と似通っている。

今日の兵の家庭は疲弊して働き手を失って苦しむ状態ではどうして安心して戦争に行けるか。国民の大部分は経済的に疲弊し、経済上の権力は……一部の支配階級が政治機構と結託して独占を弄し……然も非常に腐敗している。（「日本評論」昭和11年3月号）

政府はこの事件に手際よく幕を引くが、青年将校が「国民の大部分は経済的に疲弊し」と指摘した社会状況は放置されたまま更に悪化し、軍部の力はますます強大になってゆく。

また、それを反映するかのように、中国大陸での抗日運動は激しさを増すばかりだった。

このことを魯迅は「相互に本当の心が瞭解できない」と悲しみ、きな臭さを増している状況を案じたのであろう「血で個人の予感を書き添へて……」と意味ありげに短文（「改造」昭和11年4月号）を結んでいる。

アメリカで教育を受け故国の大学で教壇に立っている中国人の、平和を願っての意見はこうだった。


現在の中国の抗日運動は抵抗であって侵略ではなく、自衛であって排撃ではない……現在は戦争と平和の岐路に立っている。我々は平和を愛するか又正義を愛し自己の生存を顧みざるを得ない。我々は平等なる平和を願ふ。だが又正義のため生存のため戦ふことをも辞するものではない。願はくば真の共存共栄に向ひ、世界大同の道を邁進せんことを。（王造時「改造」昭和12年2月号）

だが、彼らの平和への思いは叶わなかった。

昭和12年7月7日、血で書いた魯迅の予感通りに両国は激しい戦争状態となり、やがて第二次世界大戦に突入することになる。

この昭和12年は帝国日本終焉の序幕の年とも言えそうだ。

日露戦争から大正、昭和にかけ庶民に歌い継がれてきた『戦友』が封印状態になった年としても忘れ難い。


応召軍人を送る歌としては極めて自然的に『戦友』が人々の口から歌はれだした。しかし……勇ましかるべき出征の門出を送るにふさはしからぬといふ所から、ある筋の意思で禁止され……（「東京朝日新聞」昭和12年9月28日）

新聞はこう伝えているが「勇ましかるべき出征の門出にふさはしからぬ」という文面から推測すれば、歌詞やメロディの「めめしさ」が禁止の理由だったことに間違いはあるまい。

だが『戦友』は本来、威風堂々としたものではない。

庶民の戦意を高め、犠牲的精神を発揮させるのではなく、戦闘の痛ましさを切々と訴えかけるような、めめしい歌だ。しかしそれ故にこそ、大衆の心を結ぶ絆の歌となって愛唱されていたのだ。

だからこそ出征する人、見送る人、それぞれの別れを惜しむ「めめしさ」が一つになって、素直な人情溢れ出るまま涙に潤む「ここはお国を何百里」となっていたのだ。

ところが、それに憤慨した「ある筋」が、晴れの門出に何たることだと「禁止」を示達したようだ。

「ある筋」とは当時、新聞でもしばしば使用されていた言葉だ。

だが出所不明の、強い意向であり指示であり、何時それが誰によって示達されたのか、責任者も不明だ。

つまり、発信源が曖昧で確認できない。ただ、警察とか軍部とか、俗に当局という組織でも公的権力を持つ個人でもないことは確かだ。

『戦友』の禁止については元軍人のグループ、在郷軍人会の強い圧力の結果だという説もあるが実証は全くない。それらしい噂でしかない。もしかしたら、強制力がありそうで何となく反対しにくい風説の類いが震源地であり、そこから「ある筋の意思」が芽生え育って世間の隅々に広がっていったのかもしれない。

とは言え、この「ある筋の意向」の影響は大きかった。

『戦友』は軍隊でも嫌悪され排除されている。

将来の幹部将校を目指す士官学校、幼年学校生徒らが軍歌演習に使用した軍歌集「雄叫」にもこの歌はない。

昭和14年に改定された「雄叫び」の序言には「雄健壮烈ナル軍歌ハ士気を振作し……古人尊王殉忠ノ生気ヲ髣髴《ほうふつ》トシテ相伝フル……正純ナル伝統ヲ尊ヒ卑俗ナル歌詞歌譜ヲ排シ」と記してある。

軍歌集「雄叫《おたけび》」に『戦友』が掲載されていないということは、雄健壮烈でなく「卑俗なる歌詞歌譜」として排除されたからであろう。

残念ながら、改定以前の「雄叫び」に掲載されていたか否かの確認はできない。だが、少なくとも昭和14年にあっては『戦友』が、卑怯未練な歌として除外されていたことは確かだ。

ただこのことは将来、帝国陸軍を背負って立つ卵たち、将校生徒だけを対象にしたものだ。一般兵士が戦友を歌おうと、それは問題外だ。

むしろ、兵士たちが愛唱しているからこそ尚更、彼らは歌うべきでないと『戦友』を排除したとも言えるのではなかろうか。

かつて、明治2年の公議所で「平民と品位を異にする」として切腹を是認した旧幕臣たちの、庶民を見下したエリート意識に似通ったものを感じる。

ともかく「ある筋」という、漠然とした不気味な雰囲気に覆われた時代だった。

全国民を感涙で潤ませた「不如帰」の舞台が、新宿第一劇場を最後に帝国日本から姿を消したのもこの昭和12年だ。

浪子　だけど人間は何うしてしぬのでせう。千年も万年も生きたいわ。死ぬなら二人で……ね、貴方。
武男　浪さんが死んだら、僕も生きて居らんよ。
浪子　嬉しいわ私……死んでも貴方の妻ですわ。

多くの人の心に刻み込まれたこうした台詞が、二度と聞けなくなってしまったのだ。

おそらく帝国軍人が病んでいる妻を優しく労わり「浪さんが死んだら……」と語りかけるような「めめしさ」が時勢に相応しくないとして、舞台を幕にしてしまったのであろう。

それが当局の指示なのか、「ある筋の意向」なのか、業者の自己規制なのかは不明だ。

だが、何れにしても『戦友』の封印がそうであるように『不如帰』の終演は「雄々しさ」が「めめしさ」との縁を切り捨てたことであり、その分だけバランスが崩れ、帝国日本丸の復元力が脆弱になったことになろう。

だが、中国大陸の戦場は広がり、動員される兵士も増加し続ける。

だが、彼らをバンザイ・バンザイと送り出す国内事情は色んな場面で、「雄々しさ」だけで織り上げた社会の綻びが、広がり続けるばかりだった。

例えば、浪子が蝕まれていた結核の死亡率は大正末から下降気味だったが、昭和10年頃から再び上昇傾向になり、その後も上値圏を推移している。

また、帝国の保健・衛生の機能が不完全であり、特に地方の実情は深刻だった。

その具体的な状況を、医師一人当たりの人口で見ると、都市圏と東北圏では驚くほどはっきりとした違いがある。

昭和9年末の「衛生局年報」で比較してみよう。

東京	714人	福島	2335人
京都	703人	岩手	2241人
大阪	962人	秋田	2009人

東北は貧しく、医院や診療所の維持が困難だった。

そのため医療施設も、そこで働く医師も数が少ない。

福島県の場合は医師1人で2300人以上の健康管理をしなければならぬという状況であり、この地方の人々の現実は医療から見放されていたのだ。

昭和11年末の調査では全国の町村の約30％が無医町村で、その人口は約816万人であり、次のような状態だった。

医師の手を経ずして死亡する病人が相当数という悲惨な状況……斯る所では医師は死亡診断書を得る為にあるといふも過言ではない。のみならずその死亡診断書すら之を得るに容易でない場合がある。（「内務省時報」昭和11年10月号）

また昭和9年、群馬県が行った婦人労働者の栄養状態についての調査では次のような報告がなされている。

恐らくは過去数世代に亘りて著しく不適当なる栄養生活中に生育せられ来り且現に不適当なる栄養生活を余儀なくせしめられつつある若年婦人労働者に対し……（工場や家庭の）労働はその身体的並びに精神的発達の上に過度なる負担を与へつつあるは明らかなり。

過去数世代から現在にわたって続いている女性の「著しく不適当なる栄養生活」、それは彼女たちの頼みの綱である男性たちの粗食と過労でもあった。

特に農民たちは東北地方などを中心に皆、貧しく疲れていた。

かつて青年将校が述べた「今日の兵の家庭は疲弊して働き手を失って苦しむ状態」も深刻になるばかりであり、これまでより以上に多くの働き手が兵士となり次から次へと、まるで十三段の階段を上って行くかのように、戦場へと向かわなくてはならなくなったのだ。

この男、山本甚兵衛もその一人だった。

所謂《いわゆる》「律儀者の子沢山」の彼はただただ愛する妻と５人の子のために、朝早くから夜遅くまで懸命に馬を引き荷を運び、その日その日の貧しい糧を稼いでいた。子供の数から言っても彼はもう若くはない。当時であれば既に中年であろう。体力もそろそろ下り坂だ。だが疲弊した六人の家族を支える、たった一人の働き手だった。

ところがそこに赤紙だ。軍隊からの招集令状だ。

出発の日が迫り、近隣の人たちが開いてくれた、ささやかながら思い溢れる壮行の宴。妻子のために馬を売って当座の生活費は残せたものの、先々を考えると不安が募り、交わす杯も重たくなるばかり。

心の憂さを晴らそうと立ち上がり、歌い出した甚兵衛の軍歌。おそらくそれは雄健壮烈なものでなく、既に封印されている少し寂しい『戦友』だったであろう。

甚兵衛は残して行く者たちのため、敢えて『戦友』を歌ったのだ。

「身体を労われ。元気でいろ」と、愛しい妻子を心で諭し、何れは自分の後を追うに違いない宴の若者たちに「死んではならぬ。第一番に捕虜になれ」と、日焼した瞼の奥で訴えながら、繰り返し繰り返し「後に心は残れども」と歌い続けていたであろう。

この宴の場所はもちろん、甚兵衛が実在の人物であったかどうかも不明だ。だが、このように「めめしさ」を引きずった人物が、未だあちこちに生きていたことは確かであろう。

そしてまた「君が死んだら僕も死ぬよ」と抱きしめる夫も「早く帰って頂戴よ」縋る妻も、それぞれの募る思いを軍歌でしか表現できない、そんな時代であり帝国であったことも間違いあるまい。

馬を売り　妻子六人残し征く　山本甚兵衛　軍歌を止めず

（中野登「聖戦・短歌集」昭和13年・成史書院）

4　「お可哀そうに」

本年下半期に於ける物質の欠乏は極度にまで達し国民生活の窮乏は愈々深刻さを加へる

と共に……かくの如き国民生活の窮乏などの激化に加へて、最も憂慮すべきは戦争に対し国民が倦怠を感じつつある事なり。

政治思想関係の取り締まっていた特別高等警察、略して特高が発表している、１９３９の政治情報の抜粋だ。

この他、農家の馬を軍が安値で買い上げるため、農民は新しい馬が買えず、彼らの間に軍を恨む声が高まっている状況も正確に把握し、次のようなことも率直に伝えている。

物価政策の欠陥に乗じて一部の大製造業者又は大商人に、或いは暴利を貪り或るは売惜、買い占めなどが行われている事実は中小商工業者、一般国民に犠牲を強いているといふ非難があることも考慮を要すると存じます。

また、戦地に送る慰問袋を調べたら１７０個のうち十数個は古新聞と古雑誌ばかりだった。一部の家族の中には反戦、反軍的言辞を漏らし、一日も早い事変終結を望むものがいるなども伝えている。

世間に厭戦気分が広まっている中での食料不足だ。空腹に耐え農村に食品の買い出しに行く人は多かった。
だが時々、警察の取り締まりを受け、せっかくの食料を没収されることも度々だった。
そのことから生まれた、痛ましい噂の数々が記録されている。『資料日本現代史13』から拾い出してみよう。

名古屋へ行った帰り、駅で子供連れの女が大きな荷物を持って困っていた。学生が持ってあげると言って改札口を出た。警官が来て「それは何だ」と咎めた。学生は「女の人から預かっただけと答え、押し問答になった。警官が荷物を開けたら米や野菜。警官は居丈高になった。そこへ「お父ちゃん」と子供が走ってきた。女性もいた。「その女の人だ」学生が指指した。警官は真っ赤になって黙ってしまった。女性と子供。それは警官の妻と子供だった。

警官は月給が安いが、買い出しの取り締まりで没収した物を料理屋へ売るので、月給の二、三倍になるらしい。

これらは単なる噂だ。事実ではないかもしれない。だが、まことしやかに各地で広がっていた。

誰もが納得する噂のような状況が、あちこちで展開していたからであろう。

もちろん、不作が続いてこうした状況になったわけではない。仮に大豊作が続いていたとしても、農村への買い出しと、それに対する取り締まり風景が消えたはずはない。

多くの人たちに、日常生活に必要なだけの食料品が手に入らなくなっていた。飢えを満たそうとすれば買い出しをせざるを得なかったのだ。

その原因は昭和13年から実施された、物資総動員計画だ。

つまり、国産や輸入される主要物資の原材料を、まず必要な量だけを軍が確保し、民間は国民生活の維持に必要な分の、最低限度だけしか利用できないように統制されたのだ。

それも、最初は130品目だったのが昭和15年には350品目に拡大する。

国民は米や砂糖を始めほとんどの必需品を、最低量だけ配給されることになる。

また、それぞれの配給を受けるには米穀通帳。家庭用木炭通帳。酒切符。砂糖・マッチ・小麦粉・油切符。塩通帳。衣料点数切符などが必要だった。

衣料は例えば背広90点。ワイシャツ12点。手拭い3点となっていて都市住人の場合、一人100点まで買うことができた。

だが品物がなくて、衣料切符が何の役にも立たぬ場合も少なくなかった。

国民は日常生活の面からも滅私奉公という「雄々しい」枠の中に閉じ込められてゆくのだ。

こうした厳しい世相に追い打ちをかけたのが、昭和16年1月に世に出た「戦陣訓」だ。

死生を貫くものは崇高なる献身奉公の精神なり　生死を超越し一意任務の完遂に邁進すべし　身心一切の力を尽し従容として　悠久の大義に生きることを悦びとすべし。

この制定にかかわった高級幹部の一人は後に「これは日清、日露、北清事変までは世界に類を見なかった日本軍隊の軍紀、風紀が弛緩した現実」を直視して、軍人軍属を諭したものだと述べているが、日米英の交渉に赤信号が点滅していた当時だ。「従容として悠久の大義に生きろ」という言葉に粛然とした国民は多かったであろう。

もはや「生の欲望」も「死の恐怖」も心底から断ち切り、潔く死ぬことだけを称える、滅私奉公一筋の「雄々しい」時代になったのだ。

そして程なく太平洋戦争に突入する。

この戦いの先陣を切り、真珠湾攻撃を指揮した連合艦隊司令長官は山本五十六だった。

彼はほぼ3年前、次のようなことを語っている。

世間のほとんど全部の人が、長く戦争をやることを呪っている。出先の軍隊の中にも、兵隊の家族の中にも、一時も早く終息をといふ希望があることは明瞭だ。一刻も早く平和の局を結ぶことが良いと思ふ。（『西園寺公と政局・7』原田熊雄・岩波書店・昭和27年）

彼は当時、大臣に次ぐ要職の海軍次官だった。だが平和を願う「めめしさ」をどうすることもできず、元老として政界に重きをなしていた政府の最高首脳、西園寺公望に思いを述べたのであろう。

だが一軍人としてそれ以上、大きな時流に抗することはできなかった。

もちろん、こうしたことが世間の話題になったはずはない

個人の言動を始め雑誌、映画・演劇など、日常生活のすべての面の端々までも、当局が厳しく管理していたからだ。

ラジオは当局の意向をそのまま、世間に伝達する機関でしかなかった。

新聞も自由な報道など許されなかった。

日支事変の頃は１９０社あった日刊紙は16年には統合されて１０４社。地方紙は一県一紙。更に紙も制限されて新聞のページは減り、夕刊もなくなり、記事に対する検閲も厳しくなるばかりだった。

新聞に掲載できない記事を例示した、当局の「記事取締標準」からは、次の様な禁止事項を拾い上げることができる。


戦争に関して、政府や重臣らの間に意見の対立があるような記事。

政府の発表について、国民に疑惑の念を持たせるような事項。

作戦又は軍政の方針又は実施に異説を主張し、或は反対的批判をするような事項。

敵国の戦意又は国力を誇張し、国民を恐怖させるような事項。

戦争の悲惨さを誇張し、または戦争を罪悪視するような事項。

政府の政策は独善的で民意を無視し、国民の窮乏を顧みない等と誹謗し又は反対するようなもの。

戦争の影響による生活窮乏又は戦時利得者の発生などを誇張し、国民の不平不満の念を強くさせるような事項。


要するに、政府は都合の悪い事柄は押し隠し、都合のいいものだけを、あるいは都合のよいようにしか発表しなかった。

だから、現状がどうであろうと、深く細かく調べるな。余分なことは考えず、政府の発表を正確に報道しろと、指示しているのだ。

更にまた、国会での議員発言にも、次のように言論統制の網をかけている。


議事速記録に記録された事項も……国策遂行上、支障ありと認めらるるときは検閲当局は速やかに、当該記事の不掲載方を新聞編集責任者に通達する。

（第八十四回帝国議会関係記事取締要領）


帝国議会での発言すらも、当局の思惑通りでなければ、国民に知られぬよう封印されてしまったのだ。

誰一人として、自由に話すことも聞くことも、書くこともできない時代になっても、政府を信じ不平不満を言うべきではなかった。

それが滅私奉公だった。

だが、名もない民衆の中に、己の思いを正直にぶちまけた者たちもいた。

昭和17年4月、帝国日本で最後の衆議院選挙が実施された時、彼らはどうにも我慢できない米不足への不満を、投票用紙の裏に書いたのだ。そのため549票が無効投票になっている。

それは何れも、単なる選挙違反ではない。戦時中の国家を恨み、批判し、非難している。もし見つかれば生命すら危機に晒されたたであろう。

だが、彼らは厳しい監視の目を盗み、必死の思いで、心震わせながらもさりげなく、日頃の憤懣を書きなぐったに違いあるまい。


銃後を餓死させて戦争に勝てるか馬鹿野郎。

腹が減ったあ！　腹が減った。米だ！

米、米、米。米より認むるものなし。

米を与えずんば死を与えよ馬鹿。（「思想月報・94号」昭和17年5月）

これはフィクションではない。当局が公式に記録している事実だ。

あの時代に、よくもまあ、これだけの激しい意思表示ができたものだ。

しかも夫々が話し合った結果ではあるまい。偶然にも、同じ思いの人が549名もいたのだ。

同じこの年、東京の小学校（当時は国民学校）の5年生女子児童がこしらえた標語は全国民に愛唱されていた。

欲しがりません　勝つまでは

この子が一所懸命に我慢していた「欲しいもの」とは何だったのだろう。飴玉だったのだろうか。おにぎりだったであろうか。それとも青い目をしたお人形だったであろうか。

この児童に限らず誰にとっても、世間はどこを見回しても、足りないものばかりだった。『戦友』を拒否するほど、庶民とは格別の品位と権威を誇った陸海軍の幹部将校や官僚らには無関係だったであろうが、一般国民には米穀手帳があっても配給される米がなく、芋や大根などを使っての代用食が辛うじて食卓を飾っていた。

ガソリン不足で、乗り合いバスは木炭車になり、鉄鋼などの原材料不足を補うため金属回収が強化され、寺院の梵鐘や仏具も強制的に供出させられた。

労働者不足には各家庭の男性が強制的に、徴用工として工場に配置された。だが、多くはこれまで食堂や仕立て屋など、住まいを職場にして働いていた職人でしかも、かなり年配者だ。彼らに、工場での肉体労働は無理だ。

この年、8月末の状況の一端を、当局は次のように発表している。

川崎航空岐阜工場では徴用工約1万4百人。その内1732名が欠勤。

播磨造船では徴用工7210名の内、欠勤1510名

さらに、こうも述べている。

生活必要物質の不足並びに生活苦のため、その不平不満は深刻化……逃走、欠勤、怠業は全国的に拡大し、集団暴行の頻発、不良工員の激増、兵器破壊など……労働情勢の推移は相当憂慮すべきものあり……。（「社会運動の状況」内務省警保局・昭和17年）

昭和12年に始まった物資総動員計画も、戦火が拡大するにつれ民間用が一段と厳しくなり、生活用品の不足も深まるばかり。生活苦の不平不満は社会全体にくすぶっていたようだ。

そんな年末の12月4日、陸軍報道部のスポークスマンだった一将校のラジオ放送は世間の話題をさらった。

彼の談話のタイトルは「お可哀そうに」。

私は先日「お可哀そうに」といふ言葉を聞いた。それは東京に住める上流婦人の口から発せられたものであり「お可哀相に」である。相手はアメリカの俘虜である。

このように始った彼の話は午後7時半から30分間続いた。その要約はこうだ。

アメリカ人捕虜が波止場で使役されている写真を見た婦人が「お可哀そうに」といった。これは彼女の不用意な言葉だが「敵人俘虜への無益な感傷」に溺れて同情する「めめしい」者も多い。

そんな者は戦争を嫌がっている。心の中にアメリカが住んでいる。我々は心のアメリカを追放すべきだ。

この話しの結びはこうなっている。

未だ勝利への道に踏み出したとは云ひ得ない。一億国民はすでに軍艦日本の乗組員として太平洋の決戦に乗り出してゐるのである。

敵の捕虜に同情するなど、そんな「めめしさ」でどうする。戦いはこれからだと叱りつけているのだ。

この話しは翌日の新聞でも紹介され世間の隅々まで広がっていった。

だが、この将校がどのような状況で「お可哀そうに」を耳にしたのか具体的なことは不明だ。実際に彼の体験談なのだろうか。それとも伝聞を素材にした話なのだろうか。

当時、軍や警察は庶民生活のあらゆる面に細かい目を鋭く光らせていた。不用意な一言も命取りになりかねない状況だった。

そんな時、軍服姿であったであろう彼の側で、写真の捕虜に同情の声を洩らすような女性が本当にいたとは？

もしかしたら、国民の間に厭戦気分が高まっていることを怖れ、戦意高揚を狙ってのフィクションだったかも知れない。

いずれにしても「お可哀そうに」は柔弱で恥ずべき言葉として人々の心に鮮やかに焼き付いていった。

とは言え、本当は当時の日本人もまた「お可哀そう」だったのではなかろうか。

軍艦日本がどんな状態であったのか。その情報も一切、一般民衆には公開されていなかった。

この年の6月にはミッドウェー海戦で航空母艦4隻を失い、年末にはガダルカナル島を撤退している。

そこでの攻防は悲惨だった。生き地獄だった。

戦死、餓死者2万5000人を出している。

もちろん、こうした餓死者情報など一般国民には知らされてはいない。

だが、いつの間にか噂が真実を伝え始め、世間ではガダルカナル島を餓島《がとう》と言い換えていた。

餓島が意味するものは深刻だ。戦場への物資の補給体制が崩壊していることを雄弁に物語っているからであり、それはまた国内の物資補給体制の不完全さの証しであり、帝国自体が餓島となりかねないことを暗示しているからだ。

ともかく、戦局は急速に激しく悪化し始める。

だが、しいて探せば心が和む話題にも出会う。

ある筋の力で封印されたはずの『戦友』が、軍歌集に掲載され堂々と公に販売されていた。言わば掟破りの事実を見ることもできるのだ。

言論統制や用紙不足のため、出版物は当局の検閲で許可されたものだけしか出版できない時代だった。

ところが軍が嫌悪している「戦友」が『標準軍歌集』に掲載され市販されているのだ。

軍歌集の出版は「戦友」を削除していれば問題あるまい。

ところが昭和9年の初版以来、この本には常に『戦友』が掲載されている。16年に改定されても同じだ。

17年「お可哀そうに」の放送とほぼ同じ日に発売された改定六版は多色刷りで『戦友』の挿絵も入っている。

本文は382頁で、大きさは文庫版程度だが、176曲の軍歌や軍国歌謡を集めて分厚い。これがもし一般人が手掛けた本であったとすれば、検閲の目を掻い潜っただけのことで、それほどの驚きはない。

だが、初版以来の序文を書き監修者になっているのは辻という陸軍大尉。口絵や挿絵の作者は上村陸軍大佐だ。

「ある筋」の本家本元とも言うべき幹部将校らが、非国家的と見做されている「戦友」を排除するどころか、多色刷りで世に出している。それを当局も認めているのだ。

幹部将校が関与していたから、本来なら拒否すべき検閲官も仕方なく出版を黙認したのだろうか。

どうして、こうしたことになっているのか、詳細は不明だ。

ともかく、軍人であろうとなかろうと、すべての日本人がどんな状況の中でも「戦友」を愛し歌っていた。「戦友」を懐かしみ忘れ切れないでいたことの証しにはなるであろう。

ところがこの頃、軍人社会は綻び始めていた。

もともと、彼らは軍律の厳しさを誇りとしていた。

だが先に述べたように、戦陣訓が制定された裏事情の「日本軍隊の軍紀、風紀が弛緩した現実」は戦場ばかりではなく国内の状態にもなっていた。軍の秩序が根底から揺らいでいたのだ。

戦時中、軍律の維持に当たった東京憲兵隊長の記録『昭和憲兵史』を開いてみよう。

筆者は「指揮官の素質能力も十分でなく、部下の掌握は殆どできていなかった」として、彼が取り締まった事例を挙げている。

そのいくつかを披露しよう。


千葉県に駐屯していた部隊。

兵が民家の食料を盗む。甚だしいのは空襲警報の発令中、家人が退避しているとき忍び込み、準備してあった夕食まで食べる事件が頻発した。理由は部隊の食事では腹が空くだった。だが、こうしたことは各部隊でも行われている、一般的な事件だった。


茨城地区の部隊。

指揮官が農家から農地を取り上げ、兵士が耕し作物を作っていた。農民が農地の返還を陳情しても、自給自足は軍の方針と言う理由で返してくれない。

軍がこうした状況であったとすれば、一般社会でも力ある者が世間の常識を押しのけて、我が物顔で振る舞っていたであろうことは容易に想像できる。

この頃、流行っていた戯れ唄も、そんな強引な「雄々しさ」への、精いっぱいの反発なのかもしれない。

世の中は　星に錨に　闇に顔
馬鹿者のみが　行列に立つ

物資不足の当時。ときおり日用品が配給された。

たまには商店で食品などの売り出しもあって、多くの人が殺到した。

それらの品を手にするには長い列を作って、自分の番になるまで、品切れになりはしないかと、いらいらしながら待つのが常識だった。

だが星（陸軍関係者）や錨（海軍関係者）を始め、闇（定価以上の金額で購入する人）や顔（有力者・その縁故者）は列を作ることなく、彼らなりのルートで品物を容易に入手できた。その何れにも縁のない非力な庶民は、どんな雨風にも関係なく大人しく、立ち続け待ち続けなくてはならなかった。

そんな自分を馬鹿者と蔑み、そんな世間への腹立たしさに歯ぎしりしながら、この歌を口ずさんだ人は少なくあるまい。

昭和19年4月1日

穂積重遠博士の話。

ある男が、配給の石鹸を持って銭湯に行った。洗い場の泥棒が多いことを聞いていたので、その石鹸を湯壺の傍に置いて警戒していた。突然、背中に熱い湯がかかった。ふっと後ろを振り返って、いま一度正面を見ると、その石鹸がなくなっていた。

（『暗黒日記』清沢冽・岩波文庫・１９９０）

清沢冽とは当時、身辺の出来事を絡めて政治、経済の状況などを日記に書き綴っていた外交評論家だ。

昭和20年の正月、彼はこうしたことも書き留めている。

昭和20年1月16日

電車がめちゃめちゃにこわれている。窓硝子はなく、椅子席の布がない。布は盗んで行くのである。電車が遅いといっては、無理に破壊するのだそうだ。

配給の品物にも事欠き、長い行列を作る馬鹿者になりたくともなれない「お可哀そう」な暮らしになった憤懣。

「腹が減った。何とかしてくれ」と、ほんの一かけらの苦情も口にできない腹立たしさ。そうした苛立ちが、電車をめちゃめちゃにこわしてしまったに違いあるまい。

しかも、戦争の行方に明るさはなかった。

レイテ沖海戦では連合艦隊の主力を失い、硫黄島守備隊は全滅し、沖縄は制圧され、それぞれの基地を飛び立った米軍機や艦載機の連日の空襲で、日本各地は徹底的に破壊され、焼失し、無数の人命が奪われ、国民は無我夢中で逃げ惑うしかなかった。

「人はどうして死ぬのでせう」とすべての人が悩み、どうか少しでも幸せになりたいと神に願いを掛けながら、命の短さを共に嘆き、労り、励まし合った、貧しいながらも暖かだった人間らしい時代は遠のいていった。

軍は本土決戦を叫んではいた。だが戦闘要員は不足し、僅かな飛行機や艦艇は残存していたが、それを動かす燃料は底をついていた。補給は不可能だった。

原油を運んでくる船舶が、空や海からの攻撃で壊滅状態になっていたからだ。

開戦当時の総船舶トンを１００とすれば、ガダルカナル島を撤退した昭和18年は77。だが、20年にはわずか24と激減していた。（『現代日本経済史入門』安藤良雄・日本評論新社・１９６２）

やがて8月15日の終戦が決まる。

だが、それに反発し本土での徹底抗戦を主張する一部の軍人らはクーデターを起こす。その騒乱の中で一人の軍人が切腹する。

彼らに信頼され慕われていた陸軍大臣阿南惟幾だ。

これまで陸軍を引きずってきた責めを負い、狂奔する彼らを説得し、傾き始めた帝国日本丸を、何としても平和の波止場に入港させるには切腹しかないと、決意したのだ。

8月15日、未明のことだった。

翌日、海軍中将大西滝次郎もまた切腹する。

帝国日本は1名の岡山藩士と高知藩士11名の切腹で幕を開け、阿南らの切腹で、その幕を下ろしたことになろう。

１９１２年、氷山に衝突して沈没したイギリスの豪華客船タイタニックの船上では最後の瞬間まで、別れを惜しむ楽団員の演奏が続いていたと言うが、平和の港にようやく入った帝国日本丸に、最もふさわしい歌があるとすれば何だろう。

それは明治以来、山本甚兵衛を代表とするほとんどの日本人が、生きる時も死ぬ時も、様々な思いで歌っていた『戦友』ではなかろうか。

もしそうだとすれば『戦友』は、もう二度と航行することもない帝国日本丸への挽歌となろう。

そして、次はその反歌になるであろう。

いたましく　夫と妻とを引き裂きて　戦ふ国は滅べと思ふ　　高知県　守下寅尾

この果てに君あるごとく思はれて　春の渚にしばしたたずむ　　宮城県　丹野きみ子

おわりに

昭和24年秋、「婦人公論」は全国の未亡人から手記・短歌を募集して選考した作品を『この果てに君ある如く』として刊行する。

短歌の応募者総数は592人。作品約4200首。本に掲載されたのは46人の作品、213首。先に引用したのはその中の2首だ。

亡くなった夫への追憶や悲しみの深さは帝国への怒り、恨みの激しさでもあろう。

帝国は女性に薄情であり、身勝手でもあった。

「めめしさ」という言葉もそうだ。それが、男性には最大の侮蔑語であったと言うことを裏返せば、それだけ男性が女性を差別し、見下していたということを意味するだろう。

そうした汚点を内包しながらも「めめしさ」は「雄々しさ」の傲慢さを制御するブレーキ、精神的姿見の役割を懸命に果たしていた。

転覆しようとする船体を回復させる復元力となっていた。

だが「雄々しさ」が時代の輝かしい旗手として脚光を浴びるにつれ「めめしさ」は次第に

遠ざけられてゆく。

世間から卑怯未練、軟弱と誹《そし》られ、役立たずと憎悪され、薄汚れたイメージに包んで排除され、帝国終焉の日を迎えた。

戦後、生活環境は激変した。

現在はもう「人生僅か五十年」の時代ではない。

「生への欲望・死の恐怖」も、薄らいでいる。

何処を探しても、貧乏長屋などはない。

「星に錨」はドラマの中だけでの存在だ。

だが、お上・お役所・お役人と、官尊民卑を思わせる言葉はまだ健在だ。

もしかしたら、生活環境が変わったほどには、我々の心は変わらず依然として、戦陣訓に牛耳られた頃と同様に「めめしさ」に対して薄汚れた評価しかしていないのかも知れない。

「めめしさ」を社会の脚を引っ張る、軟弱で役立たずの厄介者と考え、疎外しがちではなかろうか。

そしてまた、滅私奉公という「雄々しい」場面に格別の光を当て、きらきらと輝くその姿に、陶酔しているのではなかろうか。

それはつまり、いたましく夫と妻とを引き裂いた「戦ふ国」を、心底で憧れていることと変わらないであろう。

現在の我々に、義理と人情のバランスが取れているのだろうか。弱者蔑視の意識は改善できているのだろうか。

かつて、幕臣たちは江戸懐かしさのあまり「江戸の水」をイメージした。

だが帝国日本の「めめしい」挿話を取り上げたのは単なる懐古趣味からではない。

命短い時代を懸命に生きてきた先人たちの「めめしさ」を振り返ることで、歴史を織りなして行く苦悩と悦び、責任と栄誉を学びたいためだ。

その手掛かりの一つが、講和条約反対の騒乱での声「第一番に捕虜になれ」だ。

これを要約すれば、やっと戦場から生還できた男の懸命で「めめしい」叫び「死ぬな。生きろ」になるであろう。

切腹に始まり切腹で終わった帝国日本77年の歴史。

その間、時の権力者が己の名誉と権威のため、都合の良い情報だけを公開し、そうでない部分を封印した例が幾つもある。

その傾向は現在も続いているのではなかろうか。

ともかく、かつての時代を振り返り、私たちが帝国日本の先人たちと、どれほど違っているのか検証しなくてはなるまい。

そのことはもしかしたら、誰もが「第一番に捕虜」になれるほど、命を大切にできる、そんな平和な時代を築くための歴史的課題なのかもしれない。

参考図書

『明治文化全集』日本評論社・1992
『明治以降日本労働衛生史』南俊治・1960
『日本教育史論』第一法規出版・1980
『日本社会政策史』風早八十二・日本評論社・1937
『語りつぐ戦中戦後1』歴史教育者協議会・労働旬報社・1994
『陸軍用兵思想史』前原遼・天狼書店・1994
『日本政治裁判史録』(編)我妻栄・第一法規・1969
『食道楽の人　村井弦斎』黒岩比佐子・岩波書店・2004
『愛唱歌ものがたり』読売新聞文化部・岩波書店・2003
『日本の唱歌・上』(編)金田一晴彦、安西愛子・講談社文庫・1977
『第20回生命表』厚生労働省・2007
『福岡県警察史・明治大正編』福岡県警察本部・1978
『警察実務宝鑑』杉本清作・日本警察新聞社・1924
『生存より生活へ』森本・文化研究会・1921

「教育学研究」上田誠二・2003・10月号
『日本語発掘図鑑』紀田順一郎・ジャストシステム・1995
『流行歌の世相』小川近五郎・日本警察新聞社・1941
『郷土舞踏と盆踊り』小寺融吉・桃蹊書房・1941
『昭和経済史への証言・中』編著・安藤良雄・毎日新聞社・1965
「栄養改善ト婦人労働者トノ関係ニ就テノ実験成績報告」群馬県・1934
『戦前日本社会事業調査資料集成 2』勁草書房・1988
『近代日本政治思想史Ⅱ』編橋川文三ほか・有斐閣・1970
『司法の面より観たる敗戦原因の研究』菊池健一郎・1947
『岩波講座　日本歴史・現代 2』田沼　肇
『資料・日本現代史・10、13』大月書店・1985
『昭和憲兵史』大谷敬二郎・みすず書房・1966
『自死の日本史』竹内信夫訳・筑摩書房・1986
『この果てに君ある如く』中央公論社・1950

［著者］清永 孝（きよなが・たかし） １９２９年熊本県生まれ。５２年九州大学法学部卒業。５７年九州朝日放送入社、番組制作に携わる。８９年退職、日本近代史の研究を開始する。著書『裁かれる大正の女たち』（中公新書）、『良妻賢母の誕生』（ちくま新書）。

第一番に捕虜になれ

——帝国日本と「めめしさ」

2016年12月20日　第1刷発行

著　者　清永　孝

発行者　辻　一三

発行所　株式会社青灯社

東京都新宿区新宿 1－4－13

郵便番号 160－0022

電話 03－5368－6923（編集）

03－5368－6550（販売）

URL http://www.seitosha-p.co.jp

振替　00120－8－260856

印刷・製本　モリモト印刷株式会社

ISBN978－4－86228－091－6 C0021

小社ロゴは、田中恭吉「ろうそく」（和歌山県立近代美術館所蔵）をもとに、菊地信義氏が作成

●青灯社の本●

普天間移設 日米の深層
琉球新報「日米廻り舞台」取材班
定価1400円+税

ふたたびの〈戦前〉
——軍隊体験者の反省とこれから
石田 雄
定価1600円+税

自分で考える集団的自衛権
——若者と国家
柳澤協二
定価1400円+税

日本人のものの見方
——〈やまと言葉〉から考える
山本伸裕
定価2500円+税

知・情・意の神経心理学
山鳥 重
定価1800円+税

16歳からの〈こころ〉学
——「あなた」と「わたし」と「世界」をめぐって
高岡 健
定価1600円+税

残したい日本語
森 朝男／古橋信孝
定価1600円+税

「二重言語国家・日本」の歴史
石川九楊
定価2200円+税

9条がつくる脱アメリカ型国家
——財界リーダーの提言
品川正治
定価1500円+税

〈新しい人間〉の設計図
ドイツ文学・哲学から読む
香田芳樹 編著
定価3200円+税

子どもが自立する学校
——奇跡を生んだ実践の秘密
尾木直樹 編著
定価2000円+税

神と黄金（上・下）
——イギリス・アメリカはなぜ近現代世界を支配できたのか
ウォルター・ラッセル・ミード
寺下滝郎 訳
定価各3200円+税

起源——古代オリエント文明：西欧近代生活の背景
ウィリアム・W・ハロー
岡田明子 訳
定価4800円+税

「うたかたの恋」の真実
——ハプスブルク皇太子心中事件
仲 晃
定価2000円+税

魂の脱植民地化とは何か
深尾葉子
定価2500円+税

枠組み外しの旅
——「個性化」が変える福祉社会
竹端 寛
定価2500円+税

合理的な神秘主義
——生きるための思想史
安冨 歩
定価2500円+税

生きる技法
安冨 歩
定価1500円+税

他力の思想
——仏陀から植木等まで
山本伸裕
定価2200円+税

理性の暴力
——日本社会の病理学
古賀 徹
定価2800円+税

愛と貨幣の経済学
——快楽の社交主義へ
古賀 徹
定価2000円+税